箱根「竹仙人」の料理が世界に響いた理由

箱根の繁盛旅館
オーナーシェフ
四十五歳からの成功術

箱根塔ノ沢温泉「紫雲荘」亭主
鈴木 角雄
Suzuki Kakuo

誠文堂新光社

箱根「竹仙人」の料理が世界に響いた理由

目次

第四章　見果てぬ志のゆくえ

特別編　未来に伝えたい和文化の創作料理

はじめに

私は今、神奈川県箱根の旅館でオーナーシェフをしています。

近代日本を代表する事業家で粋人だった大倉喜八郎男爵の元別荘を買い取ったのが、昭和六十一年（一九八六年）。そこを「箱根塔ノ沢温泉・紫雲荘」としてオープンさせ、現在では世界各国からお客様が訪れてくださる旅館として成長するに至っています。

敷地内を流れる早川がもたらす美しい四季の彩りと、豊かな天然温泉。そして和の文化が香るお部屋で召し上がっていただく四季折々のお食事と、手打ち蕎麦――こうした趣が私の旅館の持ち味です。

料理を盛る器には、天然の竹を使っています。手前味噌ですが、実は私自身が手作りしたものです。

経営難だった頃に高価な器が買えず、「だったら自分で作ればいいじゃないか」と始めた竹細工でした。それが今では技術もなんとか磨かれ、お客様からは「竹仙人」という嬉しい愛称で呼ばれるようになっています。

とはいえ、ここまでの道のりは決して平坦ではありませんでした。


静岡県三島村（現在の三島市）で九人きょうだいの末っ子として生まれ育った私は、裕福ではありませんでしたが自由に子ども時代を過ごし、高校卒業後に上京。まずは都内の洋服屋に就職しました。

その後、不動産業に従事して起業し、バブルの波に乗ってそれ相応の成功を収めました。当時の不動産売買は富を一気に運んできてくれたのです。

しかし、それも束の間。私が四十二歳のときにバブルは崩壊し、負債額はなんと八十億。資産を損切りし、なんとか自己破産は切り抜けましたが、手元に残ったのは、高齢の大家さんたちに奉公したいという想いで大倉文化財団から購入していた箱根の旅館だけでした。

そこで一念発起、箱根の旅館経営をスタートします。

しかし、未知の世界であった旅館業に飛び込んでみると、そこも波乱万丈、いばらの道が待ち受けていました。

板前さんたちとの確執や人手不足、地方観光地ならではのトラブルなど、旅館経営などまったくの素人だった私には、とうてい予想できなかった壁がつぎつぎと立ちはだかります。そして最悪といえるほど難しかったのが、料理長が定まらないという問題でした。

切羽詰まった挙げ句、当時四十五歳だった私は決意しました。自分が修業をして料理人になるしかないと。

もともと料理のスキルが多少あったのだろうと思われるかもしれません。しかし当時の私の腕前といえば、カップラーメンを作るのが精一杯。

そんなレベルで決意したのですから、今考えると自分でも驚きますが、その当時はただもう行動するしか道がなかったのです。

四十五歳で調理師学校へ通い、その後は独学でお客様が喜ぶ料理を追求してきました。そして現在は旅館のオーナーシェフとして、東京・六本木の自宅と箱根の旅館を行き来する日々を送っています。

どんな人の人生にも困難やトラブルがあるものです。人とは決して比べられない、実際に直面した者でなくてはわかり得ない苦労があるでしょう。

思えば、ただひたすら邁進してきたようにも思える我が人生ですが、七十歳を過ぎた今、しばし振り返って誇れることがあるとすれば、つねに志をもって行動し続けてきたということかもしれません。

固定観念にとらわれずに自由でありたい――そうした信念のようなものが、自分自身を突き動かす原動力となってきた気がします。

時代の波はつぎつぎとやってきます。私の世代は「昭和」「平成」「令和」の時代を生きてきました。

終戦から戦後の高度経済成長、バブル景気からその崩壊、少子高齢化という現実、国際化や個人化社会の波、そしてインターネットの普及によるデジタル化など、変化の凄まじい時代だったといえるでしょう。

けれども、バブル崩壊などの大きな時代変化に晒されようが、転職先で落胆しようが、切り返して進めばいいのです。

私自身、意図して旅館のオーナーシェフになったわけではありません。志のままに行動していったら、自分でも予想外な人生の道が拓けていたのです。

社会が急速に国際化していくなか、時代の変化に悩まされている中小企業経営者の方々も少なくないかもしれません。

しかしどんな時代にあっても、何歳になっても、人生は開拓できるのだということを忘れないでください。諦める必要はないのです。

私は今、人生最後の行動に出ています。それは、これまでお世話になった方がたに安らいでもらうためのお寺を建立することです。

今や超高齢化社会となった日本で、生涯現役でいたいと願うのは、私だけではないと思います。苦労が絶えないのは「現役」である証拠です。

他人様から見たら苦にしか見えないことでも、私にとっては喜びです。なぜなら、志をもって行動し続けることが、人生そのものであるように思えるからです。

ただ目の前のことをひたすらやってきた人生ですが、何か少しでも皆様のお役に立てばと思い筆をとりました。

志を大切に信じる道を進んでください。必ず人生は拓けてくるはずです。

鈴木 角雄

第一章

バブル経済時代の不動産業

九人きょうだいの末っ子は自由の身

元大地主の農家暮らし

昭和二十一年（一九四六年）に静岡県三島で生まれた私は、九人きょうだいの末っ子。実家は農家で、私が生まれる五年ほど前までは裕福でした。当時の我が家は蔵を持つほどの大地主。家には小作人や使用人、お手伝いさんが出入りし、大所帯のような暮らしだったといいます。

農家ですから、雨が降ると小作人には仕事がありません。そうした悪天候の日には、両親は小作人たちに酒を振る舞って過ごさせました。気前がよかったのでしょう。

そんな大盤振る舞いの生活をしていたようですが、農家というのは月々の定収入がありません。ですから、大地主といえども厳しい時期は少なくなく、財布の管理をしていた母は、やりくりに苦労していたようです。

一方、父は使用人からの信頼は厚かったものの、人が良すぎるところもあったようで、周りから「お父さん」「旦那様」と慕われれば、すぐにお金やら物やらをあげてしまう人でした。

地主ですから、実際の農作業には疎く、代わりに村の役職を担っていたおかげで、戦争にも行かずに済んだそうです。苦労知らずの人でした。


しかし、私が生まれる少し前に太平洋戦争が終わり、実家は預金の封鎖と農地改革で、土地も財産もほとんど失ってしまいました。

恵まれた家庭環境が一変したのです。

そんなわけで、兄姉たちは大地主の時代の裕福な暮らしの恩恵を受けて育ちましたが、戦後生まれの私には、豊かさの記憶はありません。

物心ついたときには、すでに暮らしは困窮し、いわば貧乏の部類でしたから、高校を卒業したらすぐに上京して働こうというのが、私にとって当たり前の発想でした。

もし、実家がずっと裕福で家の事情に縛られていたら、私の人生はずいぶんと違ったものになっていたでしょう。

末っ子の私には継ぐ家督もなければ、親からの要求もありません。そうした意味では、かなり気がラクでした。何でも自分で決められるのですから。

財産や家督はありませんでしたが、私には「自由」があったのです。

自分で言うのもなんですが、子どもの頃から働き者でした。麦踏みなどの農作業を手伝うのも好きで、無心になって作業することに心地よさを感じたものです。

ちなみに「麦踏み」というのは、冬場に霜が降りると霜柱で麦の根っこが浮き上がってしまうため、根の部分を踏んで浮かないようにする農作業のこと。根が丈夫になると、結果的に収穫量が増えるのです。

こうした農作業の手伝いは、物心ついたときには当たり前のことでした。裕福な頃を知る上のきょうだいたちは怠けて昼寝をしていましたが、私は牛や馬の飼料になる藁を刈ったり刻んだりと、農作業の手伝いを楽しんでいました。

自分の体を動かして働く喜びは格別です。こうした幼少期の習慣が、今の旅館業にも役立っているように思います。

年の離れたきょうだいに囲まれているのも悪くありません。なにせ一番上の兄とは親子ほどの差がありました。

その恩恵の一つが学業だったかもしれません。つねに兄たちの勉強を垣間見ているので、成績は苦労せずともよいほうでした。とくに数字に強く、数学が得意だった記憶があります。

いざ自分で起業して経営者となった際にも、数字に強いのは助けになりました。

働き癖は祖父譲り

残念ながら私には裕福だった頃の記憶はないのですが、それでも、戦前までは大地主。私の両親もご多分に漏れず、家同士が決めた見合い結婚でした。今の時代には信じがたい話ですが、両親は結婚が決まって初めて顔を合わせたそうです。

そんなわけで当然、私の母はお嬢さん育ちでした。戦後の農地改革後の暮らしは、さぞかし大変だったことでしょう。

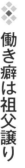

しかし母はそんなそぶりも見せず、使用人のいなくなった家でもせっせとよく働いていました。かまどの火を自ら炊きながら「おまえのおじいさんはすごい人だったのよ」と、祖父の話をよくしてくれました。

母の実家はかつて、父の実家にもまさる御殿場の大地主でした。冬場の農閑期といえば、一般的な農家ならみな、火に当たりながら酒ばかり飲んで遊びほ

不動産業で起業

自分でアパートを借りるとなってはじめて、不動産業は賃貸契約の際に斡旋手数料を取れるのだということを知りました。

これまで、何着もの洋服を作って売っても報酬が変わらなかった自分にとって、それは衝撃的な事実でした。

自分では何も作らず、商品も持たずにお金を稼ぐことができる。頑張れば頑張っただけのリターンがある。そんな商売があるなんて！

そこで私はすぐに洋服屋を辞め、不動産会社に転職することにしたのです。

不動産業会社で働き始めてから、「宅建」（現在の「宅地建物取引士」。当時は「宅地建物取引主任者」と呼ばれた）という国家資格の存在を知りました。

将来、自分で不動産を売買したいなら、どうしても必要になる資格です。もちろん取得しない手はありません。

そこで、すぐさま猛勉強を始めました。好きだった麻雀を断ち、通常業務の合間をぬって毎日二時間勉強し、一か月後の試験で合格を手にしました。私の承認番号は「九六七二」（苦労ない）。仲間が「こりゃいい番号だね」と祝ってくれました。もっとも苦労はその後も続くわけですが――。

できればすぐにでも独立したいところでしたが、起業には資本金が必要ですから、そうもいきません。

しばらくは会社勤めをしながら貯金をし、二百万貯まったところで父親に三百万の借金をし、合計五百万円の資本金で起業しました。

昭和五十一年（一九七六年）二月一日、「株式会社角井」を創業、二十九歳でした。

「億」単位の仕事が日常に

直感だけで儲かる時代

一九七〇年代、不動産仲介業は非常に儲かった時代でした。日本経済は、いわゆるバブル景気に向かっていましたから、株式や不動産への投機意欲であふれる時代だったのです。

とはいえ、起業当初は元手が少なかったので、マンションやアパートの仲介業からスタートしました。

物件を買ってまで仲介するという勇気はなかなか出ませんでしたが、一度始めてしまえば、バブル景気の波に乗って、利益がどんどん出るようになりました。

初めて五千万円の利益を得た取引のことは、今でもよく覚えています。体中の血液が「ガーッ」と沸騰したかのような感覚に陥ったものです。

しかし三十五歳を過ぎた頃には、売買物件を仲介するのもいつしか日常茶飯事になっていました。

あるとき、三億五千万円で買った自社物件に、「四億円で買いたい」という買い手が現れました。そこで売却すれば五千万円の利益です。しかし私は直感的にその申し出を断りました。

すると数週間後、「七億円で買いたい」という人が現れたのです。直感がはたらいただけで、五千万円の利益が一気に三億五千万円の利益になる。そんな時代でした。

けれども、その頃の私はバブル期特有の異常な金銭感覚にすっかり慣れてしまっていて、三億五千万円の利益が出たというのに血流は少しも上昇しません

生の裏側を見てきました。

そうしたなかで私自身は、しがらみに縛られず自分の志のままに生きたいという思いを強くしていったように思います。

お金の使い方も、とてもシンプルになりました。自分の実《じつ》になることにだけ使う、いわゆる機能優先です。

モノやお金があふれていた時代だからこそ、逆に純粋に自分に必要なものを見極めて大切にしたい。そんな心境になっていました。

バブル経済が崩壊——損切りの苦しい決断

箱根の旅館を購入する

バブル景気が実際に何年から何年までだったかというのは、経済学者でさえ議論の分かれるところだといわれますが、私の体感としては平成三年（一九九一年）頃に、まさに崩壊を感じ始めていました。

当時、政府はいろいろな税制優遇制度を駆使していました。雲ゆきが怪しくなってきた日本経済を立て直そうとしていたのです。

なかでも企業の組織再編成を優遇する措置が多かったように思います。「リストラクチャリング（組織再編成）からリエンジニアリング（組織再構築）へ」などというスローガンで、企業体質の根本的な革新を求めていた時代でした。

こうした優遇制度の流れを利用して購入したのが、箱根の旅館「紫雲荘」です。平成元年（一九八九年）のことでした。

通常なら利益の大半が税金の対象になってしまうわけですが、事業所の所在地以外の都道府県で法人資産を買収し、他県で事業展開すると、税制面で大幅に優遇される――そんな資産活用の制度があったのです。

偶然にも、バブル崩壊の直前でした。

とはいえ、当時の私がバブルの崩壊を予測していたわけではありません。

なぜ、箱根塔ノ沢温泉の旅館の購入を考えたのかといえば、不動産業でお世話になっているお客様への利益還元の一環としてでした。個人の趣味でも、夢だったわけでもありません。

株式会社角井で不動産を預かっているお客様である大家のおじいちゃんやお

ばあちゃんに、一年に一度ぐらい箱根の温泉に招待して入ってもらおう、と考えたのです。

そんな単純な発想から旅館を購入しましたが、偶然にもその頃から、バブル景気がおかしくなり始めたのです。

仲間の助言で生き残る

平成三年（一九九一年）頃、私のなかでの本格的なバブル景気の崩壊が始まりました。

二百億円ほどはあった法人資産が、どんどん目減りしていきます。それはもう見事に減って、六十億円あった年商が一気に萎み込みました。やはりバブル景気は、尋常ではなかったのです。

周辺の不動産業者仲間たちが、どんどん破産していきます。バブル景気に浮かれていたわけではありませんでしたが、急激な変化にさすがの私も焦っていました。

そして当時、金融機関は損切りして不良債権を処理し始めていました。

当社のメインバンクも同様に、いわゆる「貸し倒れ処理」を迫ってきました。

金融機関が貸し倒れで損切りするということは、財務諸表上、翌年には当社の営業外利益が膨らんでしまうことを意味します。

そうなると、わが社としては一大事です。来期決算で大きな経常利益（営業利益＋営業外利益）が出てしまうことになるわけですから、膨大な法人所得税を支払わなければならなくなります。

資産が萎み、年商が大きく落ち込んでいる時期に、そんな法人所得税を支払えるはずもありません。

しかし、税金は待ったなしで資産に迫ってきます。

実は、ゴルフ仲間の公認会計士が、この雪崩式の現象を警告してくれていました。金融機関の貸し倒れ処理を受け付けずに、むしろ自分から損切りして資産を売却して処理するべきだと。

そうやって損をしてでも最後に得を取るのが吉だと、助言してくれたのです。

損して得を得る

彼のアドバイスは的確でした。当時もし、この助言を受けていなければ、わが社は翌年、他社同様にいわゆる黒字倒産していたことでしょう。

二十億円の不動産物件を十億円で売ってしまう――。

こうした処理をどんどんおこないました。二、三年かけて、最終的には資産を三十億円ほど損切りしたと思います。おかげで税金を過剰に支払う義務が生じることもなく、倒産せずに済んだのです。

とはいっても、金融機関への返済は、すでにできなくなっていました。

二百億円ほどあった資産を売却して返済に当てましたが、バブル崩壊当時、銀行のほうも必死でした。まさに有事のごとくで、実際に反社会的勢力が入り込み、めちゃめちゃにされてしまった仲間もいました。

なんとか銀行の返済に最大限の努力をすると、金融機関のほうから「あなたは正攻法で全部やったので残りの借金は勘弁しますよ」という話が来たのです。「あなたはやり方が綺麗だから」と、最後は勘弁してくれたのです。

バブル景気から崩壊という、日本の経済史に残るような経済戦争でした。仲間の助言に救われ、誠実に資産処理をしたことで、文字通りなんとか生き残りました。

そして私の手元に残った資産といえば、あの、高齢になった大家さんたちへのねぎらいのつもりで購入していた、箱根の旅館「紫雲荘」だけだったのです。

第二章

旅館経営の本格始動

～失態編

大倉喜八郎の元別荘

自然豊かな好立地

さて、唯一の資産として残った神奈川県箱根塔ノ沢温泉の「紫雲荘」は、帝国ホテルやホテルオークラを創った近代日本を代表する事業家・大倉喜八郎男爵の元別荘でした。

粋人でもあった男爵の別荘当時の面影を残す遺品を、現在でも館内に展示しています。

立地にも、とても恵まれています。

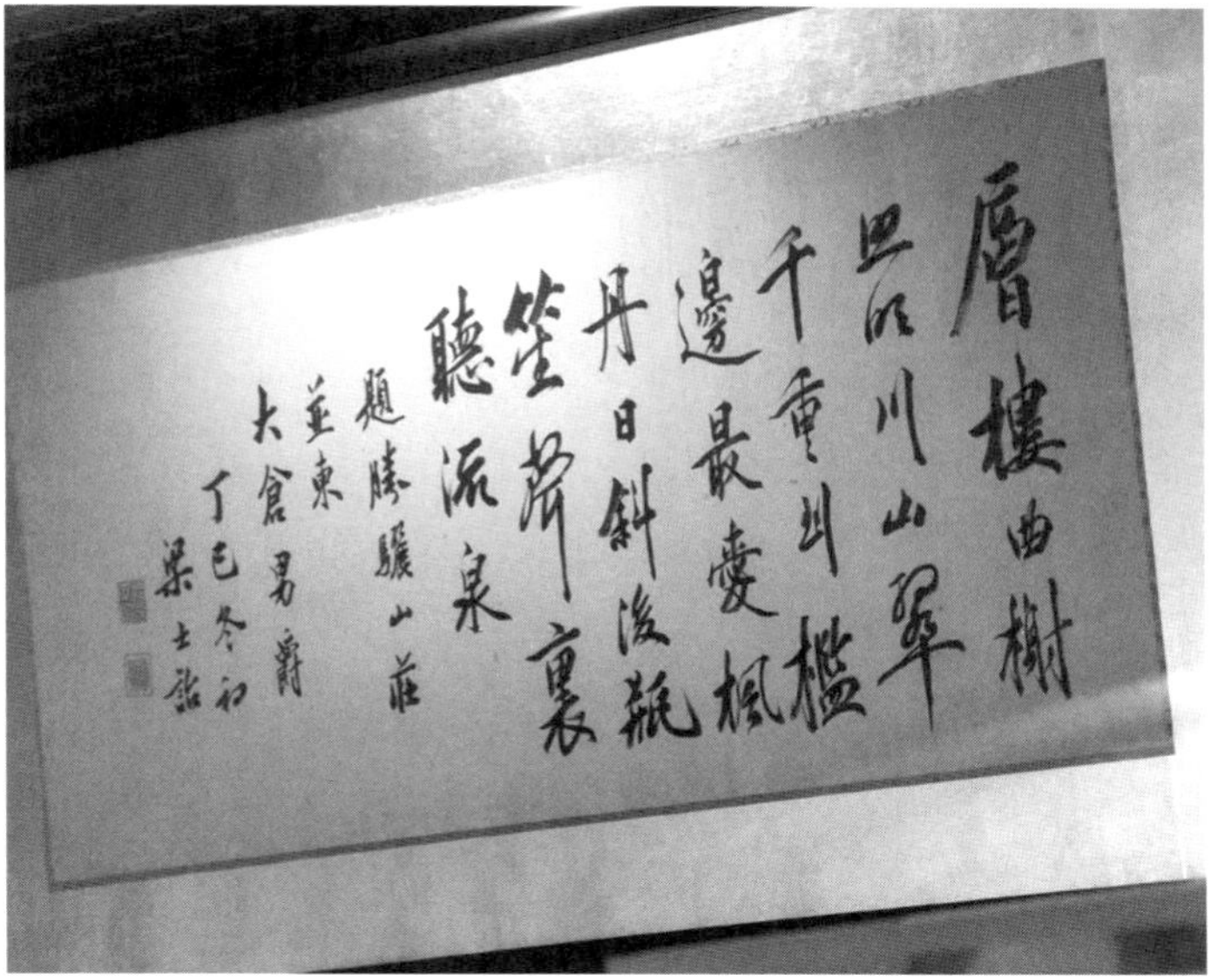

大正６年に梁士詒が勝驪山荘に遊びに来たことを記念して、
大倉喜八郎男爵に書いて贈った詩

小田急箱根湯本駅から歩けるほどの距離でありながら、四季折々に色彩を変える美しい渓流沿いの、自然豊かな温泉地です。

箱根塔ノ沢から箱根湯本方面に連なるその敷地は、約四千坪。塔ノ沢の名所として浮世絵などにも描かれている大岩「勝驪山《しょうりざん》」を入り口にかまえています。

江戸時代以降に拓けた温泉は「箱根七湯《しちとう》」のなかでも比較的新しく、子宝の湯といわれてきました。

私が購入した当時の建物は、近代日

倉喜八郎の掛け軸。
館内には他にも貴重な遺品の数々が展示されている

本文化のよさを凝縮したような、それは素晴らしい建築様式でした。ですから当初は、そのまま木造建築物として生かして旅館を運営しようと考えました。

ただ、老朽化が著しく、耐震性などの安全面が気になりました。

また実際に事業を運営するとなると、エレベーターがなく階段だけでは料理を客室に運ぶのも難儀で、お客さまにも不便でした。

かなり悩みましたが、最終的には思い切って建て替える決断をすることになったのです。

バブル崩壊後の船出

全面改装後のオープンは、平成元年（一九八九年）四月十五日でした。

バブル景気の崩壊が徐々に始まっていた頃です。私は四十三歳になろうとしていました。

不動産業のお客様を温泉旅館にご招待するつもりで購入した旅館がのちに主力事業になるとは、改装オープン時には微塵も思っていませんでした。

国の税制優遇策を利用したという背景こそありますが、東京でマンションやアパート経営をしているおじいちゃん、おばあちゃんのオーナーさんを年に一回でもいいから温泉に招待してあげよう、そんな思いで購入した旅館でした。

とはいえ、お客様に利益還元しようと思って買っておいた旅館のおかげで私の人生はつながったのですから、これも不思議なご縁だと思います。

宿を買ってから数年でバブル景気は弾け、不動産業の年商はどんどん減っていきました。

世の中がどんどん不景気になり、温泉旅行をする余裕がある人などいるのだろうかという時代に、紫雲荘は船出することになったのです。

旅館業を本格化させて驚いたこと

❖箱根のブランド力に支えられて

旅館運営を始めてみると、それは想像以上に大変な事業でした。事前に知っていたら、おそらく旅館業には参入しなかったと断言できるほどです。最初の三年間は、買収した当時の旅館の従業員を中心に営業していました。私自身はもっぱら東京の六本木にいて、営業報告を受けていたわけです。

旅館運営に関してまったくの素人である私がしゃしゃり出ていくよりも、従来のスタッフに任せたほうがいいはずだと思っていましたし、バブル崩壊後の後処理で、そもそも箱根に足を運ぶ余裕もありませんでした。

さて、平成元年四月にオープンした二年後には、二十二室で年間六億五千万円の売上げになっていました。毎月、五千万円の売上げです。

世の中はバブル景気が崩壊していた時期ですから、驚異的な数字でした。天下の箱根温泉という地域ブランドの凄さを、改めて実感しました。

しかし、ぬか喜びはできません。

売上げはたしかに立っていました。けれども蓋を開けてみれば、利益がほとんど出ていなかったのです。

当初はこちらも旅館業の素人ですから、「旅館とは儲からない商売なのか」くらいに諦めていました。しかし、さすがに私も経営者です。数字には強いので、「何かおかしいぞ」と感じ始めていました――。

旅館業の「しきたり」に直面

そこで、よくよく調べてみると、出入りの業者が料理人にリベートを支払うなどの行為が、経営者である私の知らないところで横行していたのです。

その時点で初めて知ることになったわけですが、旅館業には驚くべき慣習がいくつもありました。

とくに箱根という地域は歴史のある温泉地ゆえに、そうした古い慣習もまた根づいていたのです。

文字通り、私は旅館業の常識を何も知らないオーナーでした。実際、全国の多くの旅館では経営者と料理人のあいだに深い溝があり、調理場に入れない経営者も多いというのは、あとから知った話です。

経営者と調理場の溝

調理場で働いてもらう料理人たちは、もちろん従業員でもあるはずですが、調理師会という紹介業の仕組みに頼らざるを得ない時代でした。親方（料理長）と呼ばれる板場《いたば》の長や料理人たちはほぼみな、調理師会の紹介でやってくるのです。

直接雇用なのかどうかも不透明な契約構造で、普通に東京でビジネスマンをやっていた身としては、どうしても不自然に思えてなりませんでした。しかし、鮮魚などの食材の仕入れ先は、経営者よりも仕入れ窓口である調理場の親方に顔が向いているものですから、なかなか身動きがとれません。

仮に調理場に文句を言おうものなら、「総上がり」といって、親方は弟子たちを連れて辞めてしまうこともあります。一種のストライキですが、これでは予約してくださったお客様に申しわけが立ちません。

「これは大変なビジネスに手を出してしまった……」

そんな後悔の念に駆られていました。

売上げが半減、最悪の旅館に

料理の悪さが悪評に

旅館業はお客様ありきの商売ですから、評判が落ちれば箱根の一等地といえども、売上げはどんどん落ちていきます。

お客様の気持ちを考えた質の高いサービスをすれば繁盛するはずなのですが、従業員や業者との関係がうまくいっていなかったため、利益構造になりません。

自家源泉の上質な温泉があっても、料理の悪さがそれを打ち消してしまうのです。

オープンから三年後。調理場はいまだ安定しないまま、売上げはついにオープン時の半分以下にまで落ち込みました。

評判もいっこうに上がらないため、客室の予約も埋まりません。

すると当時の営業担当は、空いている客室を安く叩き売ってしまいます。そうなると利益はますます出なくなる——完全な悪循環に陥っていました。

いっそのこと「旅館を売却してしまおうか」と、何度も考えました。料理人も従業員も業者も信頼できない。そんななかで、よい経営ができるわけがありませんでした。

どのように営業をかけたらよいかもわからないまま、損益分を不動産業から補塡しなければならない時期が続きました。

いよいよ決断のとき

そこでとにかく、問題点を整理してみることにしました。

・旅館は新築し、箱根温泉の一等地にあるのだから、きちんと運営すればお客様は来てくださるはず。
・料理と接客の悪さは致命傷になりかねない。
・経営者の目が現場にないと、成り立たない事業である。

整理してみれば、課題はシンプルでした。

つまりは、〝自分が現場にいて接客面などをスタッフに指導・管理し、美味しい料理を提供できるようになれば、紫雲荘は儲かる事業になる〟という方程式が成立するのです。

接客の指導は、私自身が率先すれば改善できるでしょう。そこでやはり問題となるのが料理人でした。

現状のシステムでは、腕のよい料理人は望めない。それならどうするか——。

「自分がやるしかないのではないか——」

そんな考えが浮かびました。料理などやったことがない四十五歳でした。それでも、当時は突飛すぎる考えだとも思いませんでした。もう、それしか選択肢がないと思えるほど、事態は瀬戸際まできていたのです。

第三章

「よし、俺が料理人になる」

四十五歳からの大挑戦

厨房に立った二人の宅建取得者

洋服屋で職人をしていたのですから手先は器用です。宅建も一発合格できた頑張り屋です。しかし、料理とはまったく無縁でした。

当時の私は、カップラーメンしか作ったことがないというくらいの料理のド素人。食べ歩きが趣味でしたから味の良し悪しはわかるつもりでいましたが、包丁は握ったこともなかったのです。

それでも、自分がやると決めたからには、やるしかありません。

まずは料理学校に通う段取りをとりつけますが、素人の自分がお客様に満足していただける旅館料理を作れるようになるまでには、少なくとも数年間は必要だろうと考えました。

その間、旅館の料理は誰かに担ってもらうしかないのですが、そう都合よく料理人が見つかるわけもありません。結局は、湯河原の旅館で料理人をしていた兄の助けを借りたりしながら、なんとか調理場を回し、修業期間を乗り切っていきました。

六本木の不動産業時代からずっと一緒に仕事をしてくれている、大澤亮という男がいます。

旅館を開業してしばらくすると、六本木の不動産業から旅館のフロントを手伝うようになっていましたが、私が旅館の調理場の件で苦悩しているのを見ていて「私も調理場に入ります」と言ってくれたのもまた、彼でした。

当時の紫雲荘の調理場には、料理とは無縁だった二人の宅建取得者が立っていたのです。

大澤君は学校を卒業してから三十年以上も、私と仕事をしてくれています。

そして、どん底だった時期にも必死で私をサポートしてくれました。

旅館の創業当時は、正直なところ彼ぐらいしか信頼できるスタッフがいませんでした。先述したとおり、引き継いだ旅館スタッフの大半は陰で怠けてしまうような働きぶりだったからです。

大澤君は、そんな状況で唯一信頼できるスタッフで、奥さんと一緒に小田原に引っ越して箱根に根を下ろしてくれました。

そして、その彼が現在、紫雲荘の料理長をしています。


その後、厨房だけでなく、接客業務からフロント業務まで、こうした信頼できるスタッフを少しずつ増やしていきました。

接客に関しては「女将」という役職を置いて、仲居さんたちを仕切ってもらう形を取りました。

けもありません。

しかし、そんなドがつく素人だったにもかかわらず、なぜか勝算はあるはずだと確信していました。

どんな商品でもそうですが、料理にも「原価率」があります。経営者が料理長も兼ねるとなれば、食材だって自由に仕入れられます。つまり原価率を考えた仕入れが可能になるのです。

当時の料理の評判を考えると、原価率が多少上がってでもお客様に満足していただくほうが、まずは先決だと思っていました。お客様が支払う購入価格に対しての原価率が低い料理に比べれば、お客様に食材原価率をもっと還元した料理のほうが、満足度が高いのは当然です。

計算ができない料理人よりも、経営者として原価率を調整できる自分が料理を担当すれば、満足度の高い料理を提供できるはずだと思っていました。

単純に、重要なお客様には経営判断で、一品プラスしてお出しすることだってできるわけです。
宴会型料理しか作れないような料理人には負けないぞ――素人の意気込みは
やがて、確信に変わっていました。

どん底からの巻き返し

三年かけて経営者兼料理長に

料理修業は、調理師免許を取得したあとも続きました。まだまだ料理の道では素人だと思っていましたから、どんな努力も厭わないつもりでいました。

調理師免許の次は、河豚《ふぐ》の免許に挑戦しました。旅館の調理場でそれなりの腕前を振るうためには、やはり河豚ぐらい捌けないと立ち回らないだろうと考えたのです。

そこで、試験前までに二百尾ほどの河豚を捌いて練習しました。練習用の河豚ですから一尾千円程度ですが、それでも二十万円ほどの材料費を使ったことになります。

なにせ四十五歳から握り始めた包丁ですから、腕を磨くには数をこなして練習するしかありません。しかしこうした判断も、経営者だからこそできることだったのかもしれません。

河豚の免許も無事に一発合格し、そうこうと悪戦苦闘するなかで、旅館の経営者でありながら調理場の親方であるという自覚も、しだいに芽生えてきました。

人様から見れば、日本料理の料理人としての腕を三〜四年で身につけようなど無謀だと思われるかもしれません。しかし、もうどん底でやるしかないという状況では、実はできないことなど何もないのかもしれない――。そう今になって思います。

たしかに非常にきつい挑戦でしたが、考えるよりも先に体が動いていました。

旅館業を成功させるために、どうしても必要な戦略だったのです。

そして私が料理人になる決断をしていなければ、現在の紫雲荘は存在していなかったことでしょう。

見よう見まねでスタートした創作料理

料理修業をする過程で、某有名店の料理長にこう頼んだことがあります。

「五十万円でも百万円でも出すから、看板料理を教えてくれないか?」と。

しかし答えはもちろんノー。その料理長にきっぱりと断られました。一流の料理人というのは、そういう人種なのです。

そんなわけで、いくら行きつけの店でも簡単に料理の作り方を教えてくれるものではありません。

都内の有名な日本料理店を多数巡りながら料理の味を学び、ときには頼み込んでレシピを教えてもらい、そこに自分なりの工夫を加えます。見よう見まねの創作料理がスタートしました。

もちろん大変でしたが、料理の知識が板について応用が利くようになると、新しい発想がつぎつぎと浮かんできました。

紫雲荘の創作料理は、こうして徐々に編み出されていきました。毎晩毎晩、料理のことばかり考えていた時期がかなり長く続いたと思います。

それでも、地に落ちてしまった料理の評判をどうにかして挽回する必要があったのです。

旅館オープンから六年、これが四十八歳で厨房の親方になった私の最大の試練でした。

考えるよりまず「蕎麦《そば》を打とう」

原価率度外視の炙《あぶ》り寿司

やっと旅館に出せる会席料理を作れる技量と態勢こそ整ったものの、地に落ちてしまった評判は、そう簡単に挽回できるものではありませんでした。

しかし、なんでも行動ありきです。

「まずは看板料理を作ろう」と思い、食材原価を度外視して本鮪《ほんまぐろ》の炙り寿司を料理コースに取り入れました。

原価率は相当なものでした。銀座の高級有名店と同じ仕入れ先の本鮪ですから、キロ当たりの単価は四~五万円。ものすごい原価です。もちろん味は格別。築地でも最高ランクの本鮪を炙って寿司にするのですから、うまいに決まっています。銀座の寿司屋で食べれば、一貫三千円ほどするような一品でした。

しかし当然ながら、原価過多ですから利益率が悪く、ずっと続けるには無理があります。実際、本鮪の仕入れ値が急激に高騰し、これ以上は続けられない状況になりました。

親方として厨房に立つようになって、五年ほど経った頃でした。

自分で汗をかく作戦に出る

そこでひらめいたのが「仕入れ原価よりも、自分で汗をかこう」という発想でした。そう、蕎麦です。「日本人は蕎麦が好きな人が多い。もし手打ち蕎麦を導入できたら、きっとみなさん喜んでくださるだろう」

そんな単純な思いつきでした。

そうと決まれば、蕎麦打ちの特訓が必要です。すぐに一流の製麺所で蕎麦打ちの修業を開始しました。

始めてみて知ったことですが、蕎麦打ちは思いのほか体力が必要な作業です。日々の業務に加えて蕎麦打ちをするのは、想像以上に大変でした。

しかし、本鮪と蕎麦粉では数十倍の原価の差があるわけで、私自身が汗をかきさえすれば原価はぐんと抑えられます。

選択の余地はありませんでした。とにかく料理の評判を挽回するのに必死でしたから、当時の私は何の迷いもなく決行することにしました。

それから毎朝、蕎麦を打つようになったのです。

偶然の出会いで蕎麦打ちに拍車がかかる

蕎麦の修業をした製麺会社との出会いは、実は偶然でした。

あるとき更科蕎麦の社長がご夫妻で泊まりにみえて、池袋の「北東製粉」という製粉会社を紹介してくれました。

そこで私はすぐに北東製粉で開催されている蕎麦教室に通うことにしました。八回ほど通って、蕎麦打ちの基礎を学びました。

一キロの蕎麦粉に対して氷水の分量は五百cc。まず蕎麦粉に氷水を半分入れて二分半ほど水回しをし、残り半分を入れて二分半またかき混ぜる。こうしてできた蕎麦玉を打つわけです。

蕎麦打ちの良し悪しを決めるのは、麺棒で押すように打つ、いわゆる「蕎麦打ち」の作業です。打たなければコシが強くならないのですが、この大事な「蕎麦打ち」は誰も教えてくれませんでした。

ですから何度も失敗を繰り返しながら、独学で打ち加減を修得しました。

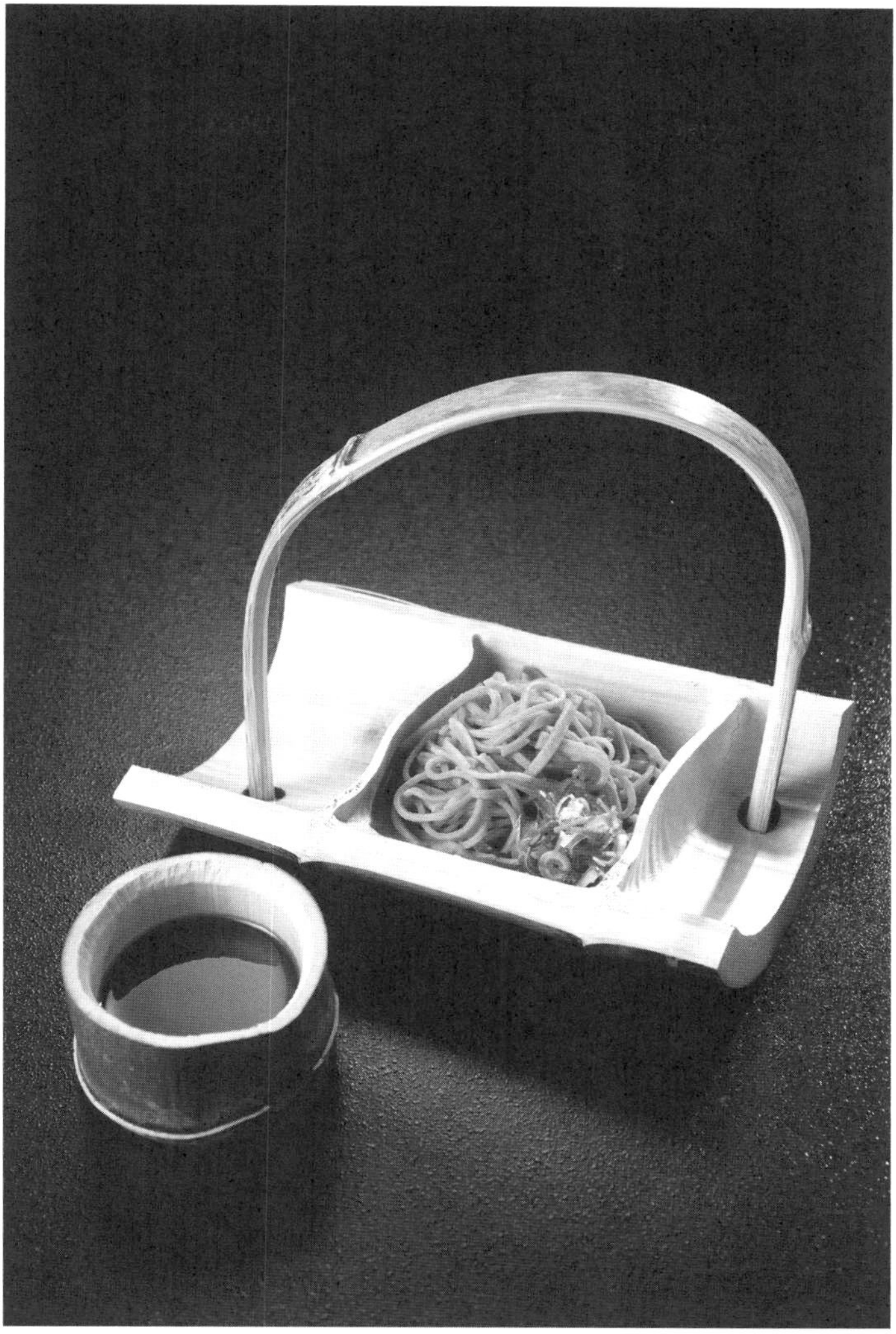

ジャパニーズ・ソウル・ヌードル

❖予想外の嬉しい誤算

さて、日本人は蕎麦好きが多いという理由で始めた蕎麦打ちですが、その後、思わぬ展開が待っていました。

インバウンド（訪日外国人観光）ブームによって箱根に多く訪れる海外のお客様に、この蕎麦打ちが大うけとなったのです。

宿泊された海外からのお客様は、熱心に毎朝の蕎麦打ちを見学に来られます。

私は蕎麦を打ちながら、いつもの片言英語で「ジャパニーズ・ソウル・ヌードル、ソバ」というのが精一杯なのですが、お客様はそんな私の姿を嬉しそうに撮影していきます。そして、そうした写真がインターネット上に投稿され口コミとなって広がって、つぎつぎに海外から宿泊客が訪れるようになったのです。
蕎麦打ちを始めた当初は、もちろんこうした効果を狙っていたわけではありません。ただ食材原価を抑えてお客様に喜んでいただく工夫を必死に考えた末に始めた蕎麦打ちです。

それが世界市場にささったわけですから、本当にありがたい幸運です。

今、新型コロナウイルスの影響で世界中が苦難のなかにいますが、目の前のやるべきことに懸命に取り組むことで、いずれまた運が向いてくる、そう信じています。

いつの間にか看板料理に

ちなみに現在も毎朝、その日の夕食にお出しする十割《とわり》蕎麦を打っています。

蕎麦粉のみでつなぎを使わない十割蕎麦にこだわる理由は、打ち立てをその日に食べるといちばん美味しいからです。

市中の蕎麦屋さんで提供されるのは、一般的には二八《にはち》蕎麦。蕎麦粉が八割に小麦粉が二割で、小麦粉がつなぎの役割を果たしています。

このつなぎがないと製麺するのが難しいのはみなさんご存じだと思いますが、実際には小麦粉のグルテンという成分が熟成するまでに一日ほどかかるため、製麺した当日ではなく翌日が食べ頃になるというのも、十割蕎麦との違いです。

そのため、ほとんどの二八蕎麦は前日に打った蕎麦だということになります。

つなぎの材料は小麦以外にもあって、新潟のへぎ蕎麦には布海苔《フノリ》という海藻が使われていますし、長野ではオヤマボクチという植物の葉の繊維がつなぎに使われます。

というように、蕎麦にもいろいろあるわけですが、私自身はつなぎを使わない十割蕎麦がいちばん美味しいと思っているので、当日に打ったできたての蕎麦をお客様に召し上がっていただくことにしています。

蕎麦の産地は日本各地に四十七か所あるそうですが、紫雲荘では小田原の製粉会社から北海道産の蕎麦粉だけを仕入れています。麺つゆは少し薄めにし、打ち立ての蕎麦の風味を味わっていただく工夫をしています。

毎日の蕎麦打ちはけっこうな労力ですが、いつしか紫雲荘の看板料理になってしまいましたので、やめるわけにはいきません。

勢いと思いつきで始めた蕎麦打ちですが、今では「蕎麦が美味しい宿」という口コミから宿泊の予約をしてくださるお客様も多いほど。嬉しい限りです。リピーターのお客様には、おみやげで差し上げたりもしています。

こうした地道な努力の積み重ねで、宿の評判は徐々に回復していきました。

やらない理由を考えない

カップラーメンしか作れなかった四十五歳で一念発起し、料理人を目指してから三年後。四十八歳で調理場の親方となり、本鮪の炙り寿司を看板料理にして五年ほど続けたあと、まだ経営難が続くなかで試行錯誤してたどり着いた蕎麦打ちでした。

たしか蕎麦を打ち始めたのは五十三歳頃だったはずですから、かれこれもう二十年も、蕎麦を打ち続けていることになります。

現在では、お客様からご希望があれば蕎麦打ち教室も開催しています。これまで五百人以上の方がたにお教えしたでしょうか。

お客様に満足していただける旅館として、また経営上も成功に導くために、ただひたすら行動してきました。

ものごとを好転させる秘訣は、〝やらない理由を考えない〟ということかもしれません。思いついたらやってみる。やってやってやるだけです。

やらない理由など考えずに進めば、経営判断の材料は必ず増えます。それはすなわち、成功への近道ともいえるでしょう。

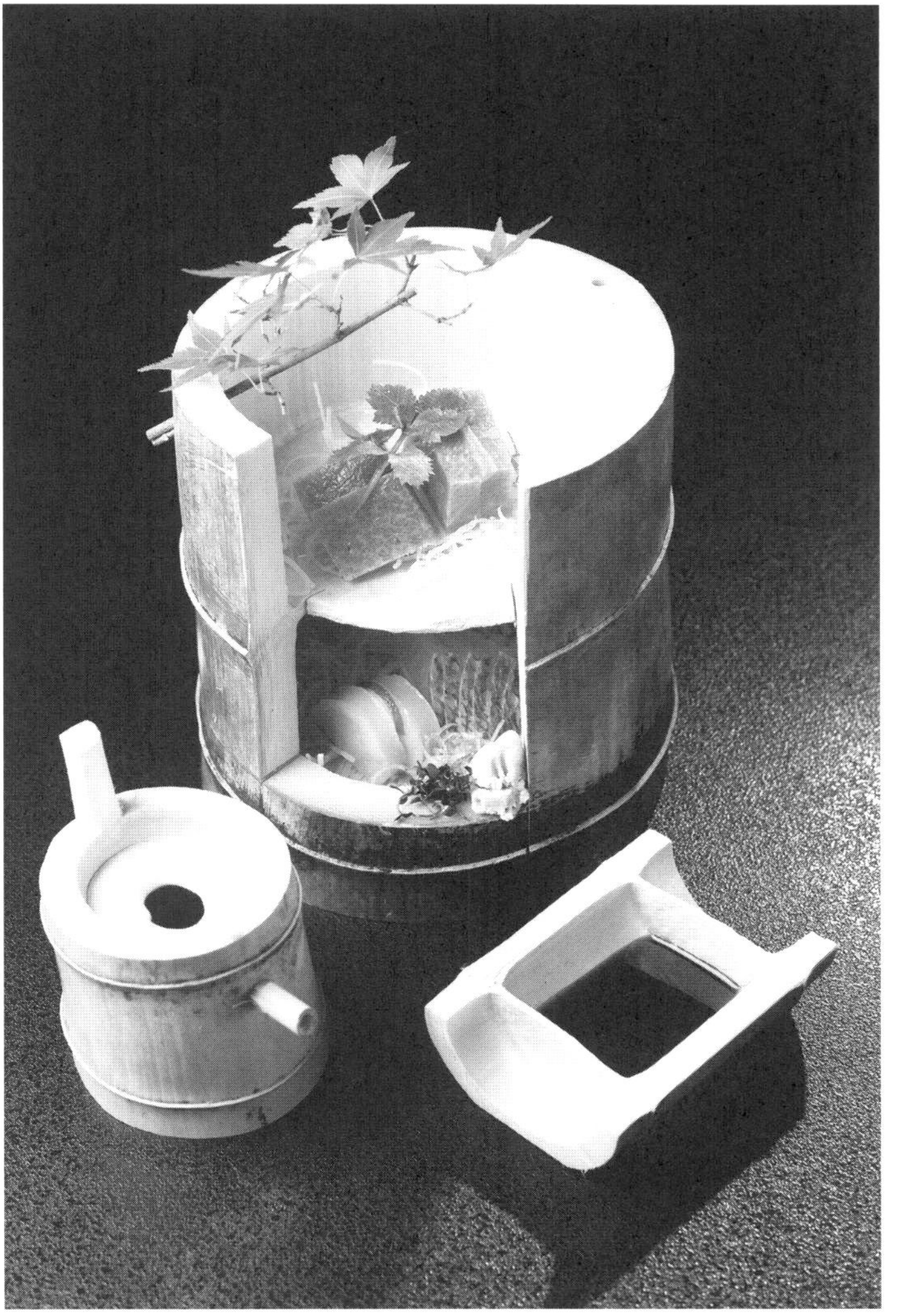

波に乗ったもう一つの理由――「竹仙人」になる！

竹細工の器を作ろう

料理の評判を挽回するために、本鮪の炙り寿司を導入したお話をしましたが、その頃にもう一つ始めたことがあります。

料理に使う器にも、何か個性を出せないかと考えたのです。

その試みが、竹細工の器でした。

料理人が美味しい料理を作る努力をするのは当たり前ですが、プラスアルファで何かできないかと、つねづね考えていました。

「それなら自分で作った器はどうだろう？」これまた思いつきです。

そう思ったら「自分で作った器で料理を出せたら理想的じゃないか！」「お客様にもきっと喜んでいただけるはずだ」と、もう居ても立ってもいられなくなりました。

まず思い浮かんだのは北大路魯山人《きたおおじろさんじん》がやったような陶芸でしたが、これはかなり至難の業。そこで、ふと紫雲荘の敷地内に竹林があるのを思い出しました。

竹細工の器なら自分にも作れるかもしれない。とにかくやってみることにしました。

最初は暗中模索でした。まず材料になる竹の良し悪しを見分けるのが予想外に難しい。竹林には、新しい竹も古い竹も混在しています。それを見極めながら切っていくわけですが、これが意外に難しいのです。

遠くから見るとよさそうだなと思っても、近づいてみると太すぎたり細すぎたり。しかも、竹を切り出す作業も、これまたなかなかの労力を要します。

切り出した竹を加工するのにも、最初は苦労しました。若い生の竹は水分を含んでいるので切りやすいのですが、肌艶のいい味のある古い竹となると、ちょっとした木材よりも切るのが困難なのです。慣れるまではとても大変でした。

しかし何ごとも経験。数をこなすうちにコツが見えてくるものです。試行錯誤するなかで、さまざまな発見もありました。

まず、電動ノコギリは竹の繊維が割れやすいので不向きでした。ですから細工には手ノコギリを使用することにしました。竹はことのほか繊細なので、ほとんどが手作業です。

また、竹細工を冷凍庫に入れておくと、半年ほどは青いまま保てることがわかったり、火で炙ってから水に漬けて色止めすれば青みがもっと美しく保てるという発見があったりと、いつしか竹細工に熱中するようになっていました。

材料も敷地内の竹林だけでは飽き足りず、友人が所有している三島の広大な竹林に出かけていって、運搬してくるようになったのです。

経営と料理で忙しいなか時間のやりくりは大変でしたが、気がつけば楽しんでいる自分がいました。

いつしか「竹仙人」が愛称に

竹という自然物と対峙して細工を施していると、とても心が落ち着きます。

それは、不動産業だけに没頭していた時代には無縁だった感覚でした。

バブル景気には一億、二億、という金額を当たり前のように扱う日々でしたが、黙々と竹細工をしていると、億単位の利益をあげたときの満足感とは別次元の豊かさが、心に充ち満ちてくるようでした。

お客様を喜ばせたいという気持ちが、自然に湧きあがってきました。

こうして毎日続けるうちに、竹細工はまるでライフワークのようになっていました。あるとき、お客様から「まるで竹仙人だね」といわれたのがきっかけで、自分でも恥ずかしながら気に入って愛称にしています。

不動産業と旅館業双方の経営をしながら調理場の親方をやり、毎日のように蕎麦を打ち、三島にまで竹を切りに行って工房で竹細工を作る――そんな日々が日常になっていました。

蕎麦打ちは朝七時にスタートして、二時間ほどで仕上げます。そのあと三島まで車で片道一時間、必要な竹を切って帰ってくるまで往復で三時間ですから、ランチをして帰ってきても午後一時には宿に戻ってこれます。

少し昼寝したら工房で竹細工を開始します。そして夕方からは調理場に入って料理を手伝う――これが日課です。

誰もが「大変でしょう」とおっしゃいますが、そんなときは「なにせ竹仙人ですから」と冗談で返すようにしています。

弁当箱から始まって、竹細工のフルコースに

こうして、手作りした竹細工の器をお客様へのサービス内容に導入し始めたのが二十年ほど前のこと。竹細工のお弁当箱を、ご希望のお客様に提供したのが始まりでした。

今では、フルコースのお料理はもちろん、ビアグラスにも竹細工を使用しています。

とくにお客様に人気なのが、お風呂上がりの生ビールサービス。九州の某旅館がやっていたのを真似たのがきっかけですが、大浴場を利用されたお客様の風呂上がりにビールを出す際、竹

細工のビアグラスでお出しするのです。

竹という素材は繊維でできているため、小さな空気穴がたくさん空いています。そのため竹細工のグラスを冷蔵庫で冷やしておくと、驚くほど冷えるのです。これに生ビールを注げば、風呂上がりには至福の味となります。

お客様にもとても好評で、竹細工のビアグラスをおみやげに購入して帰っていかれる方も少なくありません。

竹細工を作り始めてしばらくした頃、仲居頭《なかいがしら》の提案で、宿泊客すべてのお夕食の前菜を竹細工の器でご提供するようになりました。この仲居頭は、もともとはパレスホテル内の日本料理店の女将をしていた人です。

これが好評を呼び、お客様のご希望があれば、お酒の器からぐい呑み、お造りに至る竹細工フルコースもご用意するようになりました。

とても手間のかかるコースですからお安くはないのですが、リピーターのお客様には、このコースでなければ許していただけないほどになりました。

始めた当初は、竹細工を作る私のペースを上げる必要があったため、大変でなかったといえばウソになります。

しかし、これもお客様のため。頑張り甲斐があるというものです。

そんなわけで七十歳を超えた今でも、竹林通いや工房での竹細工を続けています。竹仙人は一生、竹仙人でいることでしょう。

第四章 見果てぬ志のゆくえ

かけがえのない出会いに恵まれて

人と違う自分を恥じない

紫雲荘を入手して旅館業を始めてから、思えば三十年以上が経過しようとしています。

最初は何もわからぬ業種だからと人に任せましたが、人任せでは立ちゆかない事業だということに気づき、自分がオーナーシェフになる決意をしてここまでやってきました。

箱根には有名旅館が多々あります。他と差別化しなければ、新参者が勝てな

ました。すると「美味しいものが食べられるから」というお答えでした。

とてもシンプルな理由ですが、私には十分な回答です。

「今のやり方で続けていいのだ」

そんなお墨付きをいただいたような気持ちになったのでした。

「おもてなし」の心は国境も越える

「おもてなし」とは勇気のこと

常連のお客様には、どうしたって同じお献立は出したくありませんから、つねに新しい発想や探究が必要になります。そんなわけで、私自身も月に三回ほどは高級料理店に出向き、美味しい料理を食べて学びを得ています。

そして自分が美味しいと思った料理や好きなネタを仕込んで、お客様の顔を想像しながら創作料理を考案するのが、今では私の日課のようになっています。

「おもてなし」というのは、勇気だと思うことがあります。

お客様をもてなすことは、私にとって、自分の日頃の努力の成果を問うているのと同じだからです。

考え抜いて創作した料理を、お客様がどんな反応をされるのか、おっかなびっくりでお出しする。すると「これは食べたことがないなあ。凄いなあ」と驚きや感動の言葉をいただく――。

この瞬間がどんなに励みとなっていることか。

こうしたひとときがあるからこそ、努力を重ね、最高の「おもてなし」を追求し続けていきたいと思えるのでしょう。行動と勇気はどんな形であれ、報われるのです。

海外のお客様にも伝わった「おもてなし」

時代の流れが、私を洋服店勤めから不動産業、そして旅館経営、料理人、竹仙人へと導いていきました。

高卒での就職からバブル景気の崩壊へと続く時代変化のなかで、ただ懸命に生きてきただけですが、まるで「努力大魔王」と言われることもしばしばです。やらない理由を探さずに、やれることをとにかく全部やってみる。ただひたすら、お客様に喜んでいただけることを追求して、ここまでやってきました。それが私流の「おもてなし」だからです。

そしてお客様の一挙手一投足が、私が行動するための原動力となり、結果的には旅館自体の評判につながって今があります。


現在、紫雲荘は青い目の宿泊客で賑わいを見せています。

今ではお客様の約三割が、訪日外国人観光客です。とくに欧米からのお客様が中心です。

欧米では「蕎麦」はすでに「Ｓｏｂａ」として認知されているため、私が早朝にラウンジで手打ち蕎麦の実演をしていると、海外のお客様は熱心に見学して感動してくださいます。

思いもかけず始めたこの「和の文化」のおもてなしが、海外のお客様の心をつかんでいます。努力と勇気を振り絞って編み出した紫雲荘のおもてなしは、いつしか国境を越えて、お客様の心に響くものへと成長していました。

「せんみつや」にならず誠実に

「せんみつや」という呼び名をご存じでしょうか？

若い世代には馴染みのない言葉だと思いますが、ひと昔前まで不動産業のことを「せんみつや＝千三つ屋」と呼ぶ人がいました。「千に三つしか本当のことをいわない」、つまり「嘘つき」という揶揄《やゆ》です。不動業というのは昔、そうしたイメージをともなう業種だったのです。

私はこの呼び名が嫌いでした。理由は単純です。自分は嘘つきではないからです。

そこで不動産業時代にも、「せんせんや」になることを心のなかで誓いました。千のうち千、「まこと」を口にすることにしたのです。嘘をつかなければ、他の不動産業の仲間に勝てると信じていました。料理の世界も旅館業も、そうした意味では同じだと思います。

今の紫雲荘があるのは、誠実にお客様の喜ぶ顔を見たいがためだけに料理の研究に励んだ結果でしかないからです。

現代のビジネスには、私の知らない世界がもちろんたくさんあるでしょう。しかし、どんなビジネスであっても、まともな人が勝つ時代になってほしいと思います。

そして今、かつてよりもずっと事業の透明性を求められる時代になりつつあります。材料の仕入れ先や質なども、責任をもって開示する必要がある時代です。

ましてや不誠実なことをして儲けようというような発想は、もう時代遅れだと日々感じています。そうした企業がつぎつぎと暴露され、消えていく時代になったのです。

最後は誠実さが勝つ。私はそう信じてやみません。

そしてバトンは次世代へ

質の高いスタッフに支えられて

さて、創業からの顚末をお話ししてきましたが、現在の紫雲荘は三十五名の優れたスタッフに支えられながら、日々忙しく運営しています。

私は今も経営者を続けていますが、支配人、料理長、仲居頭を置いて、旅館としての運営やサービスなどを安心して任せられるスタッフと一緒にやっています。

現在の支配人は、もともと別のホテルで支配人をしていましたが、そのホテルが廃業する寸前にホテル側のお客様からご紹介があり、それがご縁で当館に来てもらいました。

また仲居頭については先ほども少しお話ししましたが、もともとは東京のパレスホテルの日本料理店の女将で、六十歳の定年を経て、当館の力になってくれないかとお願いして来てもらった方です。

当館がインターネット上などでの口コミ評価が高いのも、こうしたスタッフに恵まれているためでしょう。

災害時にこそスタッフの力量が見える

令和元年（二〇一九年）の台風の際にも、スタッフが一致団結して対応してくれたおかげで、最小限の被害で済みました。

箱根で三十年も旅館をやっていると、災害時に何をすべきかの予想は難しくありません。山から大量の水が流れてくることも予測済みですから、自前のポ

特別編

未来に伝えたい和文化の創作料理

次世代に託す料理のレシピ

旅館業を始めてから、料理人でどれだけ苦労したかは先にお話ししたとおりです。自分自身で料理の修業をして腕を磨いてきたわけですが、とにかく苦労が絶えませんでした。

というのも、一流の料理人というのは他人に料理を教えないからです。

しかし、それはどうにも不自然だというのが私の考え。最高に美味しい料理の味を後世に残せないなんて、そもそももったいないと思うのです。

学者は論文を後世に残し、その研究を次世代の学者が受け継ぎ、また次の研究へと生かされていきます。人類の進歩のため、研究が受け継がれていくのです。

音楽や文学、絵画などの芸術作品だって、優れたものは後世に残るでしょう。しかし料理は思いのほか、受け継がれていないのです。

私なんぞの料理がどこまで人の役に立つかはわかりません。それでも、お客様が美味しいと食べてくださる料理が数多くあるのもまた事実です。最後の章では、一年十二か月分の料理の品書きと、いくつかのレシピをご紹介したいと思います。

どの料理も私の自信作です。次世代の料理人たちに少しでも参考にしてもらえたら、この上なく幸せです。

一月「睦月のもてなし膳」

献立

先付　子持昆布
前菜　床節、鈴くわい、寿豆
　　　竹亀、梅人参、田作り
　　　本鮪炙り寿司、生姜
お椀　煮鮑《あわび》清汁仕立
お造り　伊勢海老、本鮪
お凌ぎ　自然薯《じねんじょ》蕎麦
祝い肴　鯛姿焼
煮物　里芋こぶし煮
もてなし　鮟鱇《あんこう》鍋
ごはん　赤飯、赤だし、香の物
フルーツ　メロン、いちご

【一月の料理　主なレシピ】

●鈴くわい

①くわいを鈴の形に細工し、下ゆでする。その際、色づけのためくちなしの実を割って一緒に鍋に入れ、しばらく火を止めたあと、鍋止めしておく。②出汁8、みりん1、白醤油1の煮汁に砂糖、塩で味を整えてから三十分ほど煮込めば完成。

●本鮪炙り寿司

①本鮪を寿司ネタの大きさに切る。備長炭に火を起こし網の上で軽く炙る。炙り加減は、鮪の表面に網目がつく程度にとどめる。②炙り終えた鮪は、濃口醤油

1、みりん1のタレの中へ素早くくぐらせ、キッチンペーパーでふき取ってから酢飯で寿司をにぎる。

●里芋こぶし煮

① 里芋を六方にむき、下茹でする。下茹でした里芋を出汁8、みりん1、薄口醤油1、砂糖少々の煮汁で30分ほど煮る。

② ①で完成した里芋を小さめの鍋に入れ、みりんを大さじ2杯、砂糖を少々加えて火にかける。濃口醤油を大さじ2分の1差し入れ、水分が蒸発してアメ状になったら火から下ろす。

③ 血合い抜きの鰹節を鍋に入れて火にかけ、焦げないように煎って火を止め、冷めたら手で揉み粉の状態にする。あらかじめ用意した②の表面にこぶしをまぶしたら完成。皿に盛り付けて青菜を添える。

●鮟鱇鍋

① 白菜、洗い葱、椎茸、青菜などを適当に切り分けておく。鍋つゆを出汁18、酒2、薄口醤油1、砂糖少々で味を整え、味噌を溶いてひと煮立ちさせておく。

② 鮟鱇を捌き、身、アラ、肝に分ける。身やアラは軽く湯引きし、肝は15分ほど蒸す。鍋につゆと具材を入れ、火が通れば完成。

二月「如月のもてなし膳」

献立

先付　はっき貝治部煮《じぶに》
　ふきのとう三杯酢
前菜　金目鯛寿司、車海老焼
　焼き餅からすみ入り、生姜
お椀　丸仕立焼き餅入り
お造り　寒ぶり、本鮪、帆立
お凌ぎ　柚子切り蕎麦
焼肴　さざえつぼ焼き
煮物　海老芋、秋刀魚旨煮、人参
もてなし　丸鍋
ごはん　雑炊、赤だし、香の物
フルーツ　せとか、いちご

【二月の料理　主なレシピ】

●さざえつぼ焼き

①さざえの身を殻からはずし、身、貝柱、肝に分けておく。身を薄く切り、肝、貝柱、身の順に殻の中に戻す。最後に２㎝ほどに切った三つ葉をのせる。

②出汁、酒、薄口醤油を合わせた汁を作り、①のさざえにこぼれない程度に注ぎ、網の上で下から炙る。ひと煮立ちしたら完成。

盛り付けの際、卵白に塩を入れたもので盛り塩を作り、その上にさざえをのせると安定する。

●丸鍋

①白菜、青菜、葱、椎茸などを切り分け、餅（約3cm角）を焼いておく。
②生きたすっぽんを捌き、甲羅、身を80℃のお湯に2分ほど浸して表面の皮をむく。この際、湯を高温にしたり長く入れすぎないように注意する。
③②で処理したすっぽんを、水2ℓ、酒2ℓを入れた鍋で4～5時間弱火で煮て、鍋つゆになるスープを作る。
④鍋から甲羅、身を取り出し、身の部分のみ、鍋の具材として切り分ける。甲羅は使用しない。
⑤鍋つゆは③で作ったスープ1、一番出汁1、酒2分の1、みりん、薄口醤油を入れ、塩で味を整える。
⑥⑤のつゆを鍋に入れ、①と④の具材に火が通れば完成。鍋を食したあとは、残り汁で雑炊を作る。

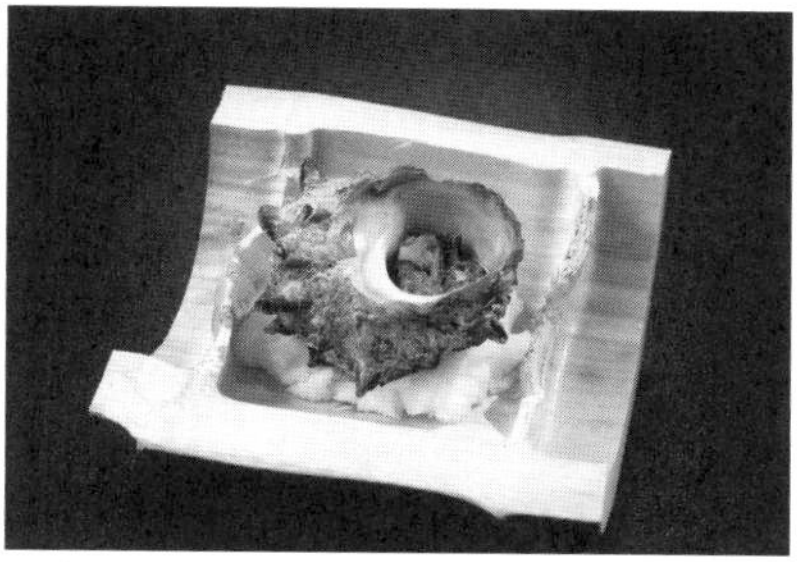

さざえつぼ焼き

三月「弥生のもてなし膳」

献立

先付　蕎麦豆腐
前菜　甘鯛棒寿司、つの字海老
　　　生姜、するめいか味噌漬
　　　たらの芽揚、ふきのとう三杯酢
お椀　蛤《はまぐり》うしお汁
お造り　間八《かんぱち》、鮪、あおりいか
お凌ぎ　三色弥生蕎麦
焼肴　鰆《さわら》西京焼
煮物　筍土佐煮
もてなし　伊勢海老の天ぷら他
ごはん　白ごはん、赤だし、香の物
フルーツ　せとか、いちご

【三月の料理　主なレシピ】

●蕎麦豆腐

① 昆布水250cc、出汁360cc、麺つゆ240cc、豆乳400cc、蕎麦粉180cc、葛145gを合わせ、よくかき混ぜる。
② 完全に混ざった①を鍋に入れて、ダマにならないように中火以下でよく練り上げる。
③ 葛が固まってとろ味がつき始めたら、半透明になるまで練り続け、火を止めてから素早く流し缶に流し込む。
④ 流し缶の底を氷水で冷やし、あら熱

を取ったら冷蔵庫で冷やし固める。数時間後、固まった豆腐を切り、皿に盛り付けてわさびをのせる。麺つゆを少々かけて完成。

三色弥生蕎麦

四月「卯月のもてなし膳」

献立

先付　うるい、ほたるいか沖漬
前菜　大車海老鬼がら焼
お椀　筍刺身、がり寿司
お造り　若竹椀
お凌ぎ　鯛、鮪、ほっき貝
焼肴　筍蕎麦
煮物　筍木の芽焼
もてなし　筍こぶし煮
ごはん　黒毛和牛、筍ステーキ
フルーツ　筍ごはん、赤だし、香の物
いちご、デコポン

【四月の料理　主なレシピ】

●黒毛和牛、筍ステーキ

①国産の黒毛和牛を使用。肉の表面に塩、胡椒で下味をつけ、しばらく冷蔵庫で寝かせる。

フライパンを熱して肉を入れ、中火くらいでじっくり焼いてから火を強め、赤ワインを注ぎ、アルコール分を飛ばしてからステーキのタレをかける。タレが沸騰したら火を止め、別の容器に移しておく。

②筍は皮つきのまま、米ぬかと鷹の爪を入れて茹でる。アクが抜けた筍の皮をむいて水にさらしておく。筍を盛り付ける大きさに切り、フライパンに油を敷い

て筍を入れ、落とし蓋を押しつけるように炊き、表面に焼き目をつける。仕上げにステーキのタレをからめる。

③①の肉を一口大に切り、エノキ茸を炒めたもの、白髪葱をのせ、②を添えて完成。

＊ステーキのタレ＝酒3、濃口醤油2を合わせたタレに、オレンジ、レモンの絞り汁、すり下ろしたリンゴ、おろし生姜、おろしニンニクを入れる。鷹の爪を少々。

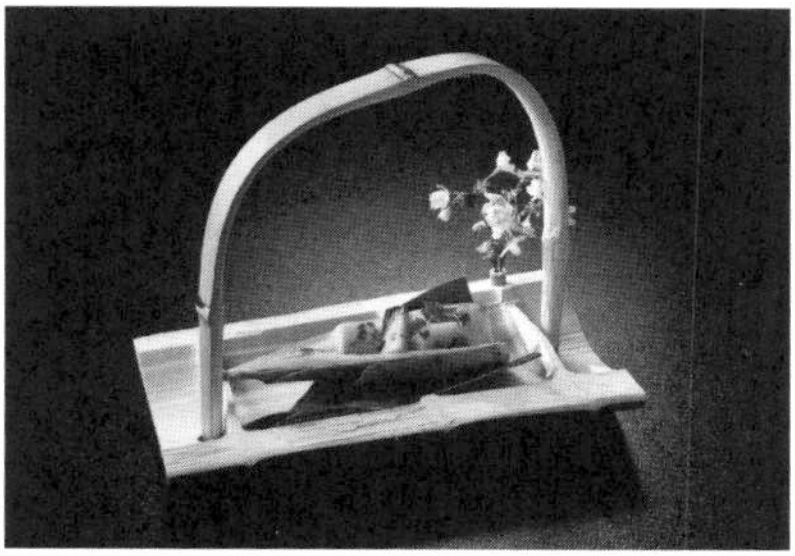

筍木の芽焼

五月「皐月のもてなし膳」

献立

先付　独活《うど》金平
前菜　鯛にぎり、筍みそ漬
　　　つの字海老、生姜、枝豆
お椀　海老しんじょ、蕎麦がき
お造り　初鰹、鮪中トロ、車海老
お凌ぎ　わさび蕎麦、わさび揚
焼肴　鯛かぶと焼
煮物　破竹と竹輪旨煮
もてなし　神戸牛すき焼き
ごはん　ちらし寿司、赤だし、香の物
デザート　くず切り、黒みつ

【五月の料理　主なレシピ】

●破竹と竹輪旨煮

①破竹を鍋に入るよう等分し、水を入れて火にかける。沸騰したら火を調整しながら20分ほど破竹に竹串が通るくらい茹でてから火を止め、そのまま冷めるまで浸けておく。冷めてから皮をむいて一口大の大きさに切り、出汁7、酒1、みりん1、薄口醤油1、砂糖少々の割合で煮汁を作り、切った破竹を約30分煮る。

②竹輪は同じく一口大に切り、別途、酒3、水3、みりん1、濃口醤油1、砂糖少々の煮汁で20分ほど煮る。

③①と②を一緒に盛り付け、破竹の煮汁と青味を添えて完成。

●神戸牛すき焼き

①白菜をざく切り、長葱を1cm幅の斜め切り、椎茸、焼き豆腐、しらたき、春菊を用意する。神戸牛サーロインのブロックをスライサーでスライスして、冷蔵庫に準備しておく。

②すき焼き用の鍋を熱して牛脂を溶かし、全体になじませる。葱を焼いて香りを出し、牛肉の両面をさっと焼いて焼き色がついたら＊の割り下を回しかける。

③鍋を弱火にして①の具材を入れて煮込む。味を染みこませるように焼き豆腐は上下に返し、全体に火が通ったら、好みで溶き卵をつける。

＊割り下＝酒640cc、みりん320ccを火にかけ、アルコールを飛ばしてから、濃口醤油160cc、砂糖100gを入れ、砂糖を煮溶かしたら完成。

●筍味噌漬

①大きめの鍋に水を入れ、砂糖を加えて筍を2時間ほど火にかけ、竹串が通るくらいまで茹でる。火を止め、そのまま冷まし、冷めてから皮をむいて表面をきれいにする。筍は縦方向に6～8等分に切っておく。

②信州味噌3、白味噌1の割合で合わせ、みりんと酒でやわらかくなるまで溶く。

③②の中に①を漬け、冷蔵庫で保存する。

六月「水無月のもてなし膳」

献立

先付　あおりいかこのわた和え
前菜　鱧《はも》寿司、生姜味噌漬
　　　伊勢海老鬼がら焼
お椀　じゃが芋冷製スープ
お造り　クエ、鮪、間八
お凌ぎ　抹茶蕎麦
焼肴　鮎塩焼
煮物　里芋、鴨ロース、人参
もてなし　鮑《あわび》鍋
ごはん　白ごはん、赤だし、香の物
フルーツ　小玉すいか

【六月の料理　主なレシピ】

●あおりいかのこのわた和え

①下処理したあおりいかの胴の部分を、細く素麺状に切る。

②皿に大葉を敷いて切ったいかを盛り付け、上からこのわたをかける。針状に切った柚子をのせて完成。

●鮑鍋

①白菜、長葱、青菜、椎茸などを鍋用に切り分けておく。

②鮑は殻からはずし、鮑を縦にして包丁で削ぎ身にする。極力薄く、切り口が大きくなるように切る。薄く大きく切ることで、熱い出汁に入れた鮑は食感もよ

く味わえる。盛り付ける際には、肝も一緒に添える。

③ ①と②を盛り付ける。鮑は殻に洗い葱を敷き、その上にのせて、野菜と一緒に皿へ盛り付ける。

④ 鮑鍋の鍋つゆは、出汁18、酒2、薄口醤油1、砂糖少々を火にかけ沸騰させる。沸騰した鍋つゆの中に金華豚の切り落とし100gを入れ、5分ほど煮つめて肉を取り出したら火を消し、最後に塩で味を整える。

鮎塩焼

七月「文月のもてなし膳」

献立

先付　いか素麺
前菜　本鮪ステーキ、青葱
　　　牛蒡、鉄火味噌
お椀　南京冷製スープ
お造り　鱧、三点盛、梅肉添え
お凌ぎ　七夕蕎麦
焼肴　さざえつぼ揚
煮物　冬瓜、鴨ロース　他
もてなし　鰻鍋
ごはん　白ごはん、赤だし、香の物
フルーツ　小玉すいか、水ようかん

【七月の料理　主なレシピ】

●いか素麺

①するめいかの胴の部分を長さ5㎝くらいにして、細く素麺状に切る。
②いかを皿に四方、四角形に土手を作る感じできれいに並べるように盛り付ける。
③土手の真ん中の空いたスペースに、卵黄を割れないように置いて完成。出汁6、みりん1、濃口醤油1で合わせたタレを添える。

●さざえつぼ揚

①さざえの身を殻からはずし、身と貝柱、肝に分け、身は薄く切っておく。

②はずした殻の中の水分はできるだけ取り除き、殻の中へ寸に切った三つ葉、肝、貝柱、切った身を順に入れ、再度、三つ葉をのせる。
③②のさざえに小麦粉をまぶし、衣を絡めて天ぷらを揚げるように180℃の油で揚げる。表面が小麦色になり、気泡が少なくなったら油を切りながら引き上げる。
④そのまま皿に盛り付け、さざえの口に濃口醤油を少し垂らして完成。

●鰻鍋

①白菜をざく切り、洗い葱、青菜、椎茸、人参などを用意する。
②捌いて開きにした鰻は、二、三日氷水に浸し、血を完全に抜いておく。
③②の鰻に金串を打ち、直火で皮目に焦げがつくくらい、身の側は表面が白くなる程度に焼き、素早く氷水に落とす。皮目のぬめりなどを落としながら氷水から上げ、乾いた布で水分を拭き取る。
④身の部分に切れ目を入れながら、約3㎝ずつに切り分ける。
⑤①と④を皿に盛り付け、鍋には昆布と水を入れて準備する。ポン酢を添える。

八月「葉月のもてなし膳」

献立

先付　とろろ豆腐
前菜　秋刀魚棒寿司、胡瓜味噌漬
　　　生姜、つの字海老
　　　砂肝たまり漬
お椀　とうもろこし冷製スープ
お造り　まこ鰈《がれい》、鮪
お凌ぎ　更科十割蕎麦
焼肴　鰻かば焼
煮物　金目鯛煮付
もてなし　本鮪冷しゃぶ
ごはん　白ごはん、赤だし、香の物
フルーツ　大角すいか

【八月の料理　主なレシピ】

●とろろ豆腐

①ゼラチン30gを水に溶かしておく。
②棒カンテン1本半を水に浸しておく。
③大和芋1kgの皮をむき、おろし金で擦り、すり鉢に入れる。塩10g、卵白1個分を入れ、当たり棒でよく混ぜ合わせる。
④鍋に350ccの水を入れ、②をちぎりながら入れて火にかける。完全に溶けたのを確認したら火を消し①を入れ、溶かす。
⑤④を③に合わせ、よく混ぜてなじませたら流し缶に流し、冷蔵庫で冷やし固める。

⑥数時間後、固まったのを確認したら、流し缶からはずして切り分け、さらに盛り付ける。上に鮑をのせ、出汁6、みりん1、濃口醤油1のタレをかけて完成。

●砂肝たまり漬

①出汁3、濃口醤油1の中にすり下ろしたニンニクを入れ、漬け汁を作る。

②砂肝は筋の部分を切り落とし、味を含ませやすくするため包丁で切れ目を入れておく。

③②の砂肝を熱湯で軽く湯引きし、冷めてから①に漬け込む。冷蔵庫に寝かせて味を含ませる。

●本鮪冷しゃぶ

①付け合わせる野菜を用意しておく。玉ねぎは串切りにして水にさらす。レタスはざく切り、胡瓜は薄く斜め切り。そしてミニトマト。

②鮪を漬ける。漬け汁は、出汁3、濃口醤油1で、鮪が完全に浸るくらいの量を作っておく。

③本鮪をさく取りし、表面を熱湯で霜降りし冷水に落とす。熱が取れたら水分をよく拭き取り、②の漬け汁に3～4時間漬け、冷蔵庫に入れておく。

④漬け汁から上げた本鮪を2～3㎝の厚さに切る。皿に、①とともに鮪を盛り付け、ドレッシングなどを添える。

九月「長月のもてなし膳」

献立

先付　秋刀魚《さんま》奉書巻
前菜　焼き餅かに棒入り、栗渋皮煮
　　　衣かつぎ、車海老にぎり
　　　里芋こぶし煮、エシャレット
お椀　どびんむし
お造り　間八菊花盛
お凌ぎ　名月蕎麦
焼肴　太刀魚柚庵《ゆうあん》焼
煮物　丸茄子、秋刀魚山椒煮
もてなし　鰻柳川鍋
ごはん　白ごはん、赤だし、香の物
フルーツ　梨、柿

【九月の料理　主なレシピ】

●秋刀魚奉書巻

①容器に砂糖を敷き、三枚におろした秋刀魚の切り身を並べる。両面に砂糖をまぶし、冷蔵庫で一晩寝かせる。

②翌朝、秋刀魚を容器から取り出したら砂糖を洗い流し、水分を乾いた布で拭き取る。両面に塩をしながら容器に並べ、再び冷蔵庫で午後まで寝かせる。

③食用菊の花びらをむしり、熱湯で茹でるお湯を二度ほど替えながら吹きこぼし、酢1、みりん1の漬け汁に砂糖を入れ、その甘酢の中に水分を切った菊を漬けておく。

④かつらむきした大根を、菊と同じ甘

酢に漬けておく。その際、長さは30㎝、幅は2枚合わせると秋刀魚の切り身が隠れる幅になるようにする。

⑤ ①で仕込んだ秋刀魚を取り出し、軽く塩を洗って生酢《きず》に浸す。皮目が白くなってきたら生酢から上げて酢を拭き取る。次に甘酢に漬けた大根を取り出してまな板に2枚並べ、その上に秋刀魚の切り身を身の方が上になるように置く。その身の上に食用菊をよく絞って敷いていき、そこへもう片身の秋刀魚を今度は皮目を上にして菊を挟むように置く。最後に、いちばん下に敷いた大根で包むように上の方向へ転がしながら、なるべくきつく巻いて完成。

⑥ できあがった奉書巻は7～8㎝の幅に切る。断面が秋刀魚と菊と大根で綺麗なコントラストになる。

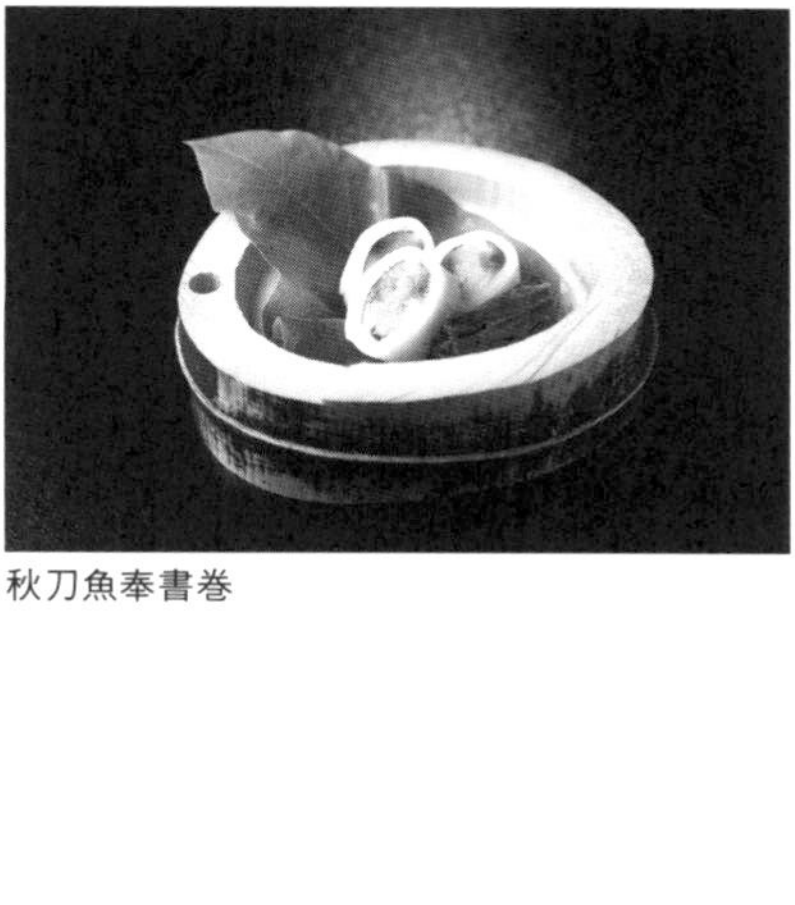

秋刀魚奉書巻

●鰻柳川鍋

①天然鰻を捌き、開きにして金串を打ち、直火で皮目7、身を3くらいの割合で炙り冷水に落とす。ぬめりや臭みを取り除き、水分を乾いた布で拭き取ったあと、蒸し器で15分ほど蒸す。炭を起こしタレをつけながらかば焼きにする。

②タレ＝酒、濃口醤油、みりんを同割り。ザラメを入れ、煮溶かしながらアルコールも飛ばす。

③ささがきごぼうを作って、アクを抜き、串切りにした玉ねぎを水にさらし、柳川用の一人鍋に敷いておく。その上にかば焼きした鰻を切ってのせ、出汁をかけてコンロの火にかける。木蓋をして吹きこぼれないように火加減を調整し、ごぼうや玉ねぎに火が通ったら溶き卵をかける。間もなく火を止めて2～3㎝に切った三つ葉を散らして完成。

＊出汁＝一番出汁8、酒1、みりん2分の1、濃口醤油2分の1、砂糖少々を煮溶かす。

●焼き餅かに棒入り

①餅をつき、厚さ5㎜にのしてズワイガニの肉棒を入れてたたむ。7～8㎝四方の大きさに切る。

②①を焼き台で裏表とも焼き色がつくくらいに焼き、仕上げに濃口醤油を塗り完成。

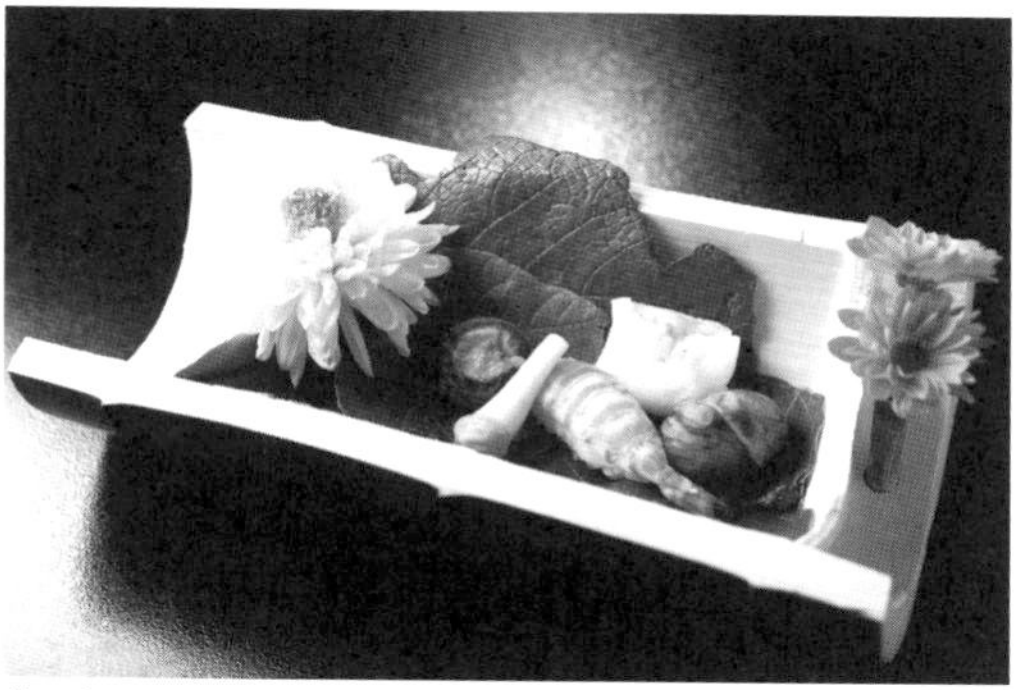

焼き餅かに棒入り、栗渋皮煮、衣かつぎ、車海老にぎり

間八菊花盛

十月「神無月のもてなし膳」

献立

先付　胡麻豆腐
前菜　蕎麦寿司、子持昆布
　　　ぼたん海老、蛤たまり漬
お椀　秋刀魚、冬瓜清汁仕立て
お造り　鯛、鮪、平貝
お凌ぎ　蕎麦がき、きな粉砂糖入り
焼肴　里芋からすみ焼
もてなし　神戸牛ステーキ
ごはん　天ぷら付きどんぐり蕎麦（中盛）
デザート　くず切り、黒みつ

【十月の料理　主なレシピ】

●蕎麦がき、きな粉砂糖入り

①蕎麦粉200gをホウロウ鍋に入れ、約2.5倍のお湯（または蕎麦湯）で練り、適度な固さになったら火から下ろす。
②だんご状に形どり、椀などの器に入れ、蕎麦湯を蕎麦がきが浸るまで張り、三つ葉などの青菜を浮かべる。
③きな粉と砂糖を同割りで混ぜ合わせ、蕎麦がきに添える。

●神戸牛ステーキ

①厚さ2～3cmに切った神戸牛サーロインまたは国産の黒毛和牛を使用。肉の表面に塩、胡椒で下味をつけ、しばらく

冷蔵庫で寝かせる。フライパンを熱して中火でじっくり焼いてから火を強め、赤ワインを注いでアルコール分を飛ばしてからステーキのタレをかける。タレが沸騰したら火を止め、別の容器に移しておく。

蕎麦がき、きな粉砂糖入り

十一月「霜月のもてなし膳」

献立

先付　鮪ぬた
前菜　焼き餅の鰻味噌漬け入り
　　　鮪漬けにぎり、焼き銀杏《ぎんなん》
　　　無頭海老鬼がら焼
お椀　べっこう汁
お造り　鮪、伊勢海老、鰺
お凌ぎ　紅葉《もみじ》蕎麦
焼肴　大車海老鬼がら焼
煮物　里芋田舎煮
もてなし　葱ま鍋
ごはん　雑炊、赤だし、香の物
フルーツ　四方柿

【十一月の料理　主なレシピ】

●焼き餅の鰻味噌漬け入り

①捌いて開きにした鰻に金串を打ち、皮目7、身3くらいの割合で直火にかける。氷水に落としてぬめりを取り、水分を乾いた布などでよく拭いてから半分に切っておく。
②信州味噌500gに砂糖500gと水を入れながら溶かし、鰻が漬かるくらいまで味噌をやわらかくする。容器に味噌を敷き、ガーゼで挟みながら半日ほど漬け込む。
③②の鰻を焼き、7～8㎝角の餅に入るように調整しながら切る。
④焼き台で裏表とも焼き色がつくくらい

焼き、仕上げに濃口醤油を塗り完成。

●べっこう汁

①出汁巻卵を砂糖で甘口にして薄めに焼いたら、約３cm角に切っておく。

②餅を同じく３cm角に切り、直前に焼き上げる。

③吸物用のお椀に①②を入れ、一番出汁で味を整えた汁に葛でとろみをつけ、青菜を添えて注げば完成。

●葱ま鍋

①長葱を長さ５cmくらいに切って３つ用意する。わかめを水で戻し、さっと湯通しして味色を出し、食べやすい大きさに切っておく。せりは長さ7~８cmに切る。

②鍋つゆは出汁18、酒2、薄口醤油1、砂糖少々。

③鮪は本鮪の大トロを使用。厚さ１cmに切り、①と一緒に盛り付ける。葱は表に盛る。

十二月「師走のもてなし膳」

献立

食前　河豚《ふぐ》ヒレ酒
先付　河豚にこごり
前菜　河豚棒寿司、焼き銀杏
　　　するめいか、生姜、つの字海老
お椀　河豚丸仕立
お造り　鉄さ
お凌ぎ　薬膳蕎麦
焼肴　河豚白子焼
煮物　河豚唐揚げ
もてなし　河豚ちり
ごはん　雑炊、赤だし、香の物
フルーツ　いちご、柿

【十二月の料理　主なレシピ】

●河豚にこごり

① 出汁1600cc、薄口醤油160cc、みりん160ccに生姜の絞り汁を入れ、鍋で熱して火を止め、水に溶かしておいたゼラチン10gを入れてよくかき混ぜる。

② 河豚の皮を湯引きして細切りしたものを流し缶に敷き、①を流し入れて冷蔵庫で冷やし固める。

③ 固まったのを確認し、流し缶からはずして切り分け、盛り付けてから小口に切った河豚葱をかけて完成。

●河豚唐揚げ

①捌いた河豚の部位を濃口醤油1、料理酒1に絞り生姜を入れた漬け汁に浸す。

②20～30分漬けた河豚に片栗粉をまぶし、180℃の油で揚げる。河豚に火が通れば完成。

河豚唐揚げ

【寄稿・紫雲荘のお客様より】

鈴木角雄さん、感謝

自由民主党 事務総長
元宿《もとじゅく》 仁《ひとし》

「箱根七湯」の一つに数えられ、江戸時代から続く塔ノ沢温泉。

江戸時代初期、水戸黄門として知られる徳川光圀公が明の儒学者・朱舜水《しゅしゅんすい》を伴って訪れた際、舜水が「唐の玄宗皇帝が離宮を建てた温泉場・驪山《りざん》より優れたところ」と絶賛した景観の地だ。

勝驪山《しょうりざん》と名づけられた岩山がそびえ立つ、早川のほとりのこの地を、大倉財閥創立者であり、鹿鳴館や帝国ホテル、帝国劇場などを創立した大倉喜八郎男爵は別荘としていた。伊藤博文や夏目漱石ら、そうそうたる明治の著名人らが訪れたことでも知られる。

その約四千坪の跡地に建てられたのが「鶴井の宿　紫雲荘」だ。大倉男爵の号が「鶴彦」だったことから、鶴井の宿というそうだ。

二十年ほど前、永田町での仕事に疲れた私は、初めて紫雲荘を訪ねた。その後も再訪する機会があり、ご亭主と滞在時に話をするようになった。

料理人であるご亭主は、私が「都内の料理店でこんなところが美味しかった」という話をすると、実際に食べに行き、その結果を自分の料理に取り入れるほど大変に研究熱心で、ご亭主の熱いおもてなしに感動した。

ご亭主のおもてなしが私の心の琴線に触れたのは、そこに亡くなった私の兄の面影を見たからかもしれない。

三歳上の兄は成績優秀で、中学の校長から学費を援助するから進学してほしいと言われたほどだった。しかし、家計の事情で進学をあきらめ、中学卒業後は父母を助けて働いた。

私が中学を卒業することになったとき、そんな兄が「どうしても高校にやってほしい。学費は自分が出すから」と父に頼み込んでくれた。

おかげで私は高校に進学し、その後、大学時代に自民党本部でアルバイトをしたことをきっかけに、現在に至る。進学を勧めてくれた兄には感謝してもしきれない。

兄は群馬県沼田市中心部で割烹料理店を経営していた。蕎麦粉だけで打った手打ち蕎麦を、みずから作った竹細工の器で出す評判の店だった。

紫雲荘のご亭主も、敷地内の孟宗竹を使った竹細工の器で美しく盛り付けた会席料理を出してくれる。蕎麦粉だけの手打ち蕎麦は兄以上の腕前で、私が尊敬していた兄の前向きな姿勢や創意工夫の能力に共通するものを感じる。

兄は平成十一年（一九九九年）、五十七歳の若さで亡くなった。私にとって兄の存在は、ふるさとそのものといえるほど大きなものだった。

その面影を感じさせてくれるご亭主のおもてなしによって、私はここにふるさとを感じたのだろう。

仕事に疲れたときなど、人間には誰しも心安らぐ場が必要だと思う。私にとってもっとも心が落ち着き、安らぐのは、どんなところだろうと考えると、それは「ふるさと」と「我が家」だ。

ふるさととは、生まれ故郷、群馬県川場村の山里の自然や、私を育ててくれた両親や兄、友人たちであり、我が家は妻や子どもたち、家族のことだ。これまで何とか仕事を続けてこれたのも、私を支えてくれたふるさとや我が家のおかげだと感謝している。

紫雲荘のご亭主の作る料理を食べると、心のふるさとを呼び覚まされ、明日への仕事の意欲と活力がみなぎる。今や紫雲荘は、私にとって心安らぐ第二のふるさとの我が家のような存在となった。

ご亭主に感謝。

【寄稿・紫雲荘のお客様より】

出版に寄せて

東京大学 総長
五神《ごのかみ》 真《まこと》

学事の業務がひと段落し、次に向けて英気を養いたいとき、紫雲荘で過ごすことにしています。美味しい料理と豊かな温泉は疲れを癒やすのに最適です。

私が紫雲荘を知ったのは、大倉喜八郎氏の別邸で名建築として知られる「蔵春閣」の移築先の候補として東京大学が検討されていた頃でした。大学の同僚から大倉氏の別荘が箱根にあり、現在は「紫雲荘」という旅館になっていることを教えてもらったのがきっかけです。さっそく家族と訪れました。

入り口の大きな岩山のトンネルが迎えてくれたことを、よく覚えています。宿に着いて、まずは温泉にゆっくりと浸かります。初夏であれば、早川の向こう岸の山肌に咲く藤の花を楽しむことができます。

さっぱりしたあとは、いよいよ夕食の時間です。ご亭主の鈴木さんの料理はどれも独創的で、味も格別です。とくにコースの中で必ず出される、ご亭主こだわりの十割蕎麦は逸品。

ご亭主が打ったこしの強い蕎麦は、それだけで十分美味しいのですが、さらに、タケノコやドングリなどその時々の季節の食材が練り込まれています。行くたびに、今回は何の蕎麦だろうと楽しみです。

春はタケノコ尽くしを楽しむことができます。私は紫雲荘で生まれて初めて、タケノコの刺身をいただきました。新鮮なタケノコならではの歯ごたえと香りに大地の恵みを感じます。ゴボウやショウガの漬け物や、地魚の煮付けも絶品です。

私は鰻が好物なのですが、ほどよい甘辛さの鰻の味も忘れられません。朝食でいただく鯛茶漬けも、やさしい出汁が美味しく紫雲荘での楽しみの一つです。

料理やお酒の器として使われている竹細工も、紫雲荘の名物です。ご亭主ご自身が敷地内の孟宗竹を使ってさまざまな器を作っておられます。竹の銚子に入ったお酒は実に甘露。川の流れを聞きながら、竹林に思いを馳せつつ、お料理とお酒、そして温泉を楽しむ。それが私の活力源となっています。

【寄稿・紫雲荘のお客様より】

天下一品、手打ち蕎麦の宿
名物・竹の器でご亭主の心技を味わう

書家
笠原《かさはら》　秋水《しゅうすい》

名匠の心技が癒やす宿、紫雲荘といえば手打ち蕎麦！

毎朝ご亭主が心を込めて打つ。つなぎを使わない蕎麦粉だけの手打ち蕎麦だから、ふるさとの情味が漂う。

これをご亭主自作の竹細工の器に盛ると、独特の風味を醸し出す。これぞ天下一品、紫雲の手打ち蕎麦となる。

私は、川崎北部の農村で育った。両親も農家の生まれである。この辺りの谷《や》戸田《とた》は米の収穫が少なく、もっぱら山の斜面を耕した畑で小麦や蕎麦を作って米の不足を補っていた。

しばしば蕎麦を主食代わりにしたが、それは蕎麦粉少々のうどん風の手作り蕎麦であった。こんな農村生活から私も蕎麦打ち大好き人間になった。

昔から蕎麦は長生きの元とされ縁起食である。落語の枕にもなっている。「世の中でめでたきものは手打ち蕎麦。始めツルツル終わりカメカメ」という。

紫雲の手打ち蕎麦も延寿蕎麦に違いない。ご亭主の修業とこだわりから、お人柄が伝わってくる。序文の一語一句に心惹かれたからである。

さて、部屋食はどうかというと、これがまたご亭主こだわりの演出満点。

創意工夫に富む孟宗竹のさまざまな器に季節の食材が盛り付けられている。純和風の部屋で海の幸と山の幸を配した和食膳。「彩りが紫雲調で情緒があるわね。味も私の好みにぴったりだわ」と妻が言った。

私はご亭主特製の竹徳利で日本酒をたしなむ。早川の流れを耳に、心安らぐほろ酔い気分の時が過ぎていく。ここに至福のひとときがある。

早朝には、いつものことだが一番風呂で心身を癒やす。川沿いの露天風呂を独り占めすることが多い。湯から出てくると、ご亭主はもう蕎麦切りをしている。手際よい包丁さばきを見ながら、手作りの秘話が聞けるのも一興。

あるとき、三階の竹細工作業場に案内された。吊り橋を渡ると敷地内に竹林がある。この孟宗竹が竹の食器材料になる。室内は手作業用の七つ道具と細工中の竹がいっぱい。

手打ち蕎麦に精魂を込め、旬の彩りを竹の器に盛り込む――。まさに名匠の心技が紫雲荘のシンボルである。

私が初めてこの宿を訪ねたのは三十年前になる。以来、四季折々の風趣に魅せられてたびたび来るようになった。最近は連泊が多くなり、ゆったりムードを楽しんでいる。緑の芽吹きと早川のせせらぎを眺める春が好きだが、蛍が舞う六月の幻想的情景も印象深い。

宿のみなさんが親しく接してくださるので、紫雲荘への愛着が年々強くなっていく。

おわりに

最後までお読みいただきありがとうございます。

平成元年（一九八九年）四月、素人の私が旅館を開業して以来、想像を超える難業に何度も失敗を繰り返しながら、そのつど糧を得て、三十年が経ちました。ようやく、安定と呼べる地点にたどり着いた気がしています。

人様からは波乱万丈といわれますが、ただやれることをひたすらやってきた人生です。洋服屋から不動産業、そして旅館運営と、まったく違う業種ですが、今にしてみれば、私にとってはすべてが地続きでした。

そして、料理人という自覚をもって日々料理に打ち込める現状に、とても満足しています。

料理は一生勉強です。いつも目の前に次への探究が山積みですから、死ぬまで終わりはありません。私にとって、それが嬉しいのです。

最後に、私のわがままに付き合い、共に歩んでくれる従業員一同、大澤君、高田さん、我が妻に感謝します。これからもどうぞ、わがままな小生を支えてください。

また本書の刊行にあたり、誠文堂新光社の秋元氏はじめ、多くの方がたのご協力を賜りましたこと、末筆にてお礼申し上げます。

紫雲荘亭主　鈴木 角雄

［巻末付録］

季節の料理と紫雲荘

写真　松倉　広治

一月「睦月のもてなし膳」

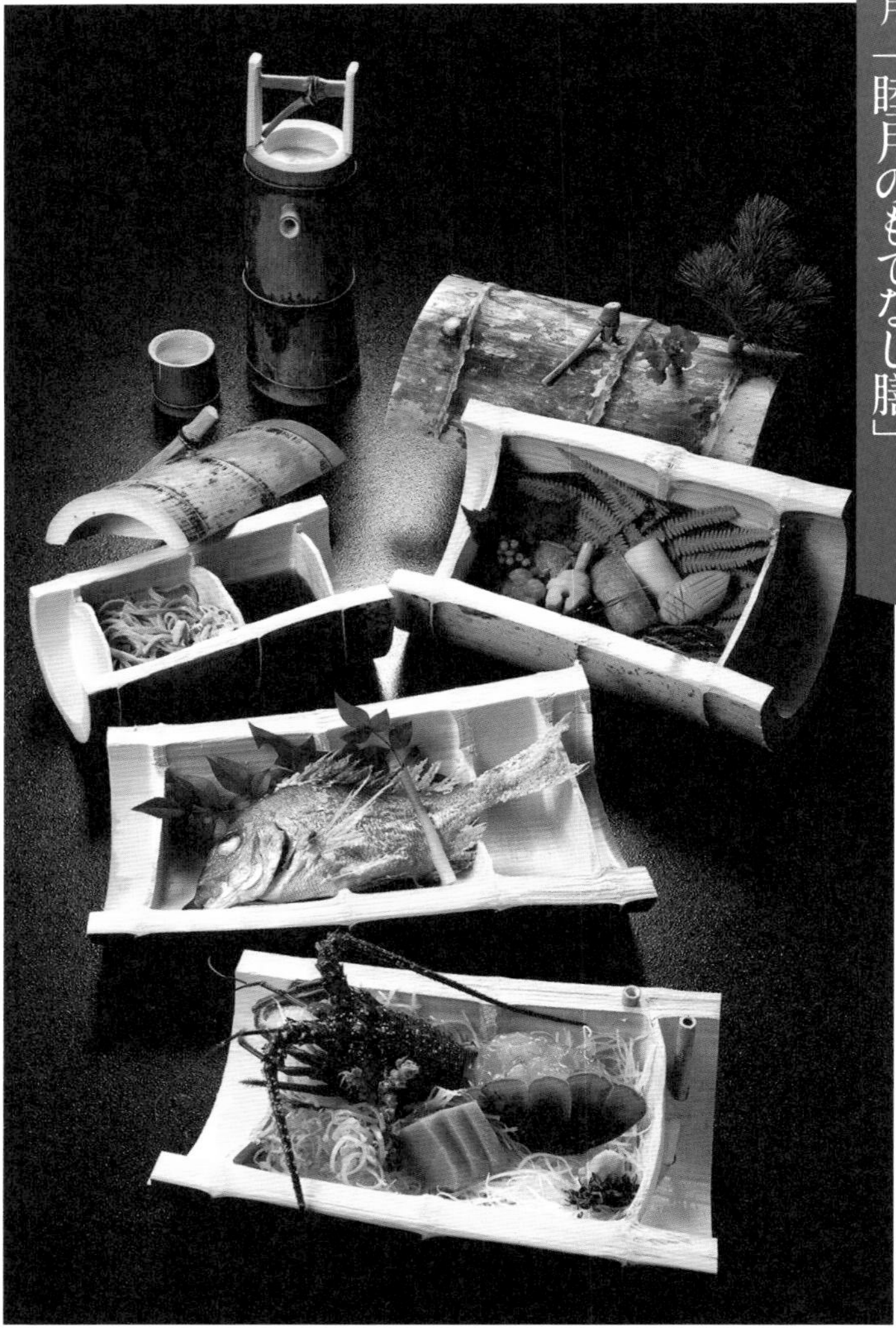

＊各月のもてなし膳の写真は、P.126 ～ 151 にある献立の一部です。

二月「如月のもてなし膳」

三月「弥生のもてなし膳」

四月「卯月のもてなし膳」

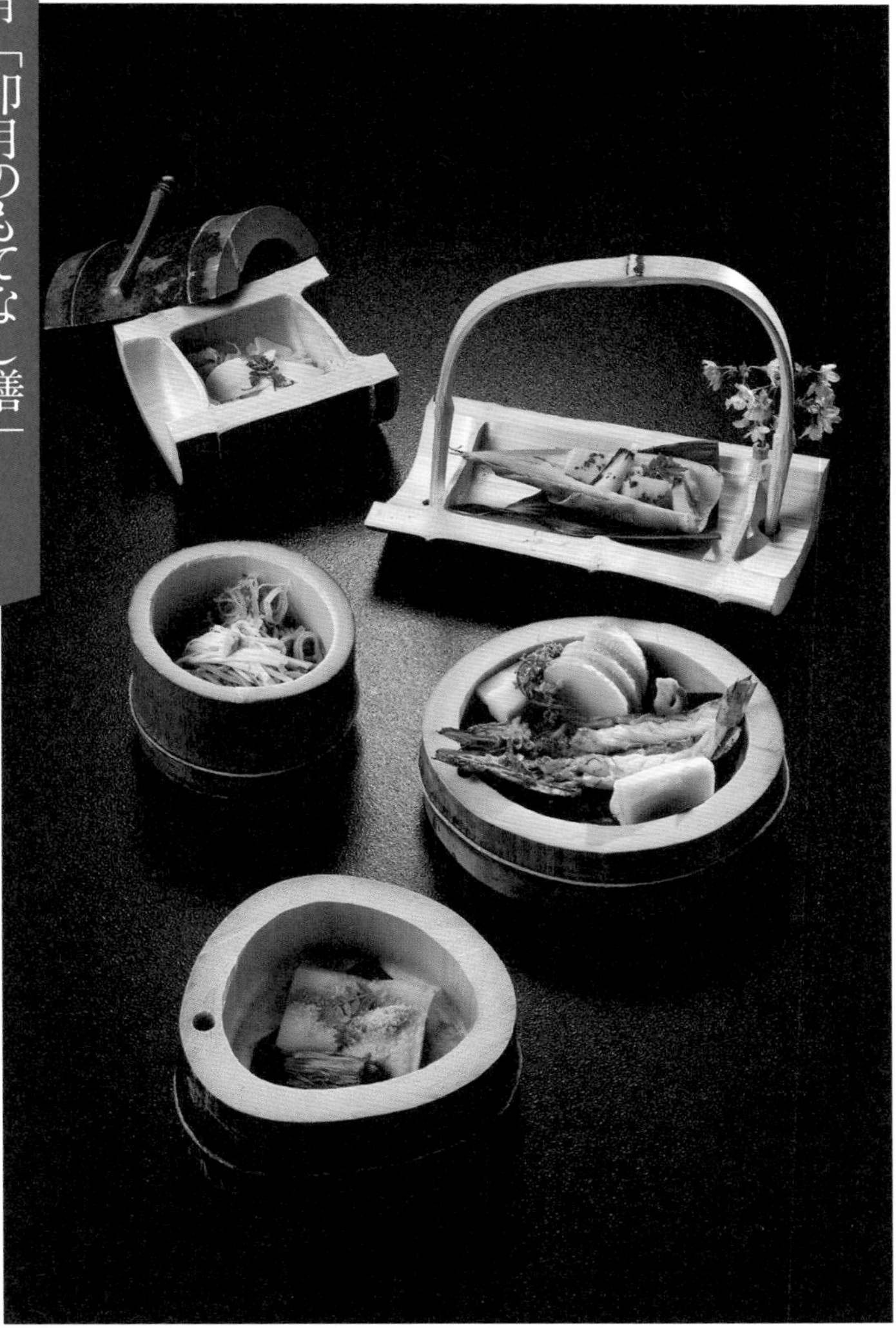

五月「皐月のもてなし膳」

六月「水無月のもてなし膳」

七月「文月のもてなし膳」

八月「葉月のもてなし膳」

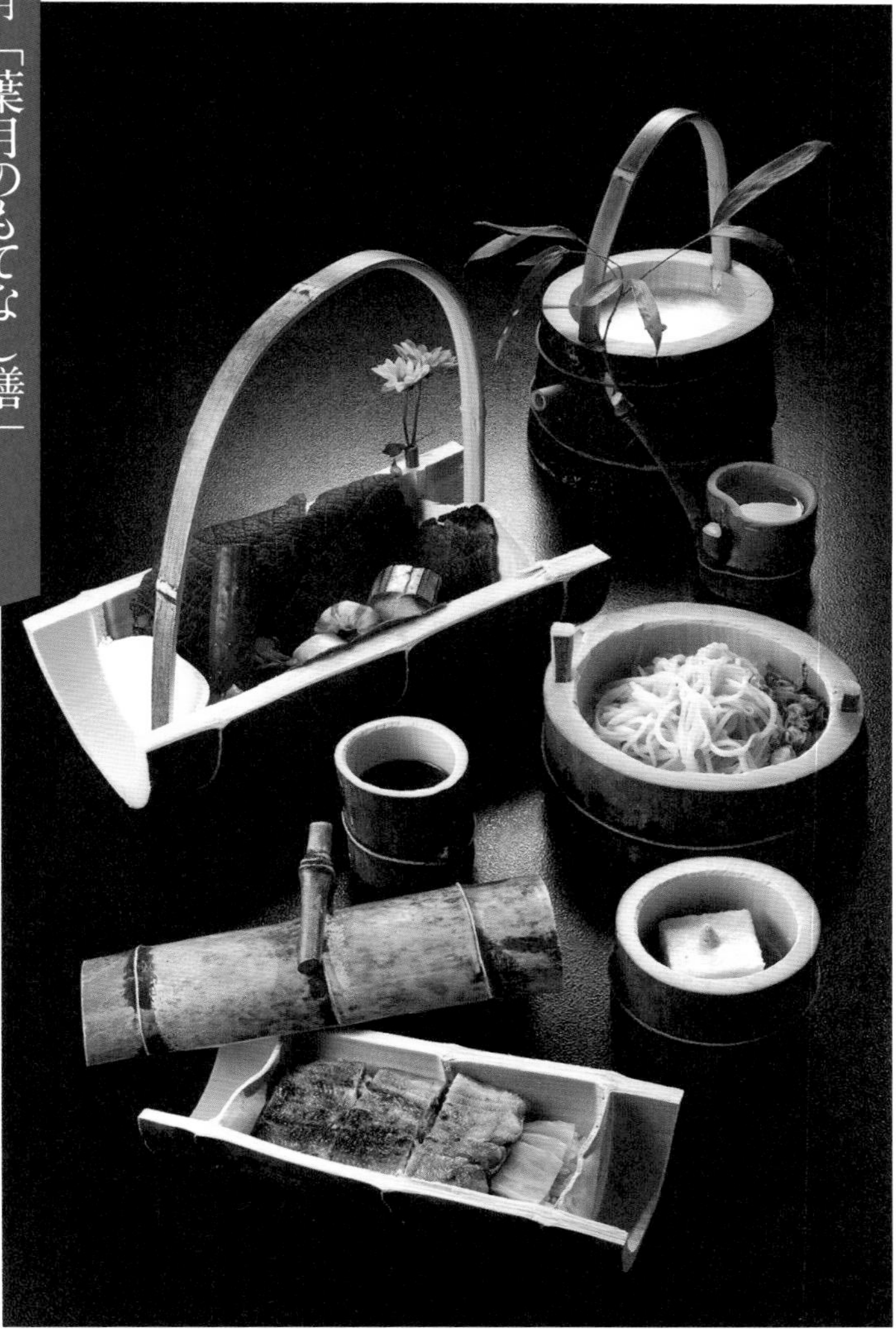

九月「長月のもてなし膳」

十月「神無月のもてなし膳」

十一月「霜月のもてなし膳」

十二月「師走のもてなし膳」

吊り橋を渡った先にある秘湯のような貸切り露天風呂「観山の湯」

古代檜を使った寝湯が魅力の貸切り家族風呂「男爵の湯」。床には伊豆石を使用

客室から臨める渓流沿いの景観は、四季折々に彩りを変える

敷地内の美しい孟宗竹は、オーナーの手によって味わい深い竹細工に

日本情緒あふれる客室は全部で22室。露天風呂付き部屋も3室ある

敷地内のつり橋「鶴翁橋」や「竹林の小径」では壮大な景観も楽しめる

鈴木角雄（すずき・かくお）

株式会社ホテル紫雲荘　代表取締役社長
1946年、静岡県三島市生まれ。高校卒業後に上京し、1976年に不動産業である株式会社角井を起業。年商50億円までの事業に成長させるも、バブル経済崩壊とともに破綻寸前となる。不動産事業と併行して1987年、株式会社ホテル紫雲荘を設立。この旅館業が経営破綻を救った。みずから料理長を務め、独学の創作料理と蕎麦打ち、竹製の器などが激戦区の箱根温泉で好評を得ることに。現在では創業30年を迎える美食の人気旅館となり、海外からの宿泊客を中心に賑わう。みずから「竹仙人」を名乗り、旅館を通じて手作りの竹製品で日本文化を伝承している。

企画：永本浩司
構成：野添ちかこ
編集協力：山本貴緒
校正：川平いつ子
デザイン：中西啓一
撮影：松倉広治
DTP: 安井智弘
制作進行：川嵜洋平
プロデュース：中野健彦

箱根《はこね》の繁盛《はんじょう》旅館《りょかん》オーナーシェフ
四十五歳《よんじゅうごさい》からの成功術《せいこうじゅつ》

箱根《はこね》「竹仙人《たけせんにん》」の料理《りょうり》が世界《せかい》に響《ひび》いた理由《りゆう》

2020 年 5 月 22 日　発行　　NDC336.3

著　者　鈴木角雄《すずきかくお》
発行者　小川雄一
発行所　株式会社 誠文堂新光社
〒113-0033 東京都文京区本郷 3-3-11
［編集］電話 03-5800-5779
［販売］電話 03-5800-5780
https://www.seibundo-shinkosha.net/
印刷・製本　プリ・テック株式会社

ISBN978-4-416-91990-3